JN155847

教師という生き方

鹿嶋真弓

イースト新書Q

Q034

はじめに

　私が教師になったのは昭和56年のことです。以来、約30年、東京都の5つの公立中学校で教師をしてきました。中学校は義務教育ですから、みなさんもどこかで中学生だったはずで、そこには必ず「先生」がいました。世の中にはたくさんの職業がありますが、そういう意味では、誰もが出会うことになる職業ともいえます。

　本書は、数ある就職先のなかで「教師」という職業に興味を抱いている方、具体的に目指している人、すでに教育現場でご活躍されている方たちに向けて書きました。また、いま学校に子どもを通わせている親御さんたちにも、保護者・学校というつながり以外の側面がどういうものかを知っていただければと思っています。

　学校や教師をとりまく環境は大きく変わりました。教科書や授業内容も変わりました。制度的に変わったこともあります。生徒たちも昔といまとでは違います。保護者の方の意識も変化しています。しかし、これは教師に限ったことではありません。経済が右肩上がりの時代に比べれば、若い人たちが失敗を繰り返しながら経験を積むということがさせてもらいにくかったり、クレームにおびえて大胆なことがやりにくくなってきたり、日本社会全体の余裕のなさのようなものがさまざまな業界で起きていることも耳にします。ですが、変化はいつの時代もあり、良くなったところもあれば、悪くなった部分もあると思います。そして、働くことの本質として変わらない部分も確実にあります。

もちろん、これは私が教師生活の中から得た経験、知見にもとづいていますので、これが「正解」というものではありません。先述のように時代が違うということもあります。同じ学校といえども都道府県が違えば仕組みも雰囲気も異なるでしょう。公立と私立の違いもあります。同じ区内の学校でもさまざまなスクールカラーもあります。ましてや集まってくる生徒はみな同じではありません。そう、生徒は一人ひとり違うのです。だからこそはじめから正解はありません。私がいちばんにお伝えしたいことは、教育とは未来を創る仕事。未来の担い手である子どもたちと向き合い、お互いが成長できるこの仕事の面白さです。その魅力の一部でもお伝えできればと思っています。

● 目次

2章 生徒と向き合う

3章 教師としてのスキル

4章　変わる教室

1章 学校という職場

教師は激務

いま私は30年におよぶ中学校での教師生活に区切りをつけ、高知大学で特別活動や学級経営について講義をしています。また、研究会や研修会などで若い先生たちと話す機会がありますが、

「いまの先生たちはどんなところが大変？」

と聞くと、いちばん多い答えが「時間がない」ということでした。実はこれは昔もいまもあまり変わりません。たしかに行政に提出する資料が増えたり、学校内でも管理職のチェックが厳しくなったりして、そのための書類づくりなどデスクワークの負担が増えたのはたしかです。教員の長時間労働を是正するために静岡県のある自治体が夏休みを短縮することを発表し、物議を醸したニュースがつい最近にもありました。

「時間がどれだけあっても足りない」

というのは古今東西多くの教師の実感ではないかと思います。

自分が「生徒」だったときは、授業や部活で接しているとき以外の時間、先生がなにを

しているかは知りませんでした。実際、教育実習で体験してみて「これは想像以上に大変そうだぞ」と身が引き締まったことを覚えています。そして、実際に採用されて、学校に赴任してからはさらに多くの仕事があることを知ります。

学校でのとある1日については（詳しくはP13の図を見ていただくとして）、基本的に生徒が登校する前に学校に着き、生徒よりも後に帰宅します。これはあたり前の話ですが部活動は顧問であっても副顧問であってもすべての先生がなにかしら受け持ちます。部活に入っている生徒の最終下校は18時（学校によって多少異なるが、夏時間が18時、冬時間が17時）ですから、出勤してから、すでに10時間以上学校にいることになりますね。

下校後はすべての生徒が（寄り道もせずに）帰宅するであろう時間まで、学校で待機しています。つまり、生徒が帰れば終わりではなく、生徒が無事に帰宅するまで見届けます。親御さんから「ウチの子がまだ帰ってこないんですが……」という電話があれば、もちろん、捜しに行きます。

ほかにも、保護者や関係機関（児童相談所や適応指導教室、少年センターなど）と連絡を取ったり、不登校の生徒の家に電話をかけたり、タイミングを見計らって教材を届けたりします。また、共働きも多く、日中の懇談会では参加できない保護者のために、夜の懇談会を行う学校も数多くあります。行事に向けて打ち合わせをしたり、ＰＴＡで保護者の方が集まって話し合いをしたりすることもあります。

学校が完全に閉まって機械警備が開始されるのは夜の9時。部活終了後、やっと、その日の残務処理や次の日の授業の準備ができるわけですから、この機械警備がスタートする9時を過ぎたころから自分の仕事をはじめる人もいます。終電までのカウントダウンをしながらどうにか仕事を片付け、いざ校舎を出るには機械警備を一旦解除します。解除ブザーが鳴っているうちに外に出ないと、警備会社に連絡が入るので、ここもまた時間との勝負です。そして、再度施錠されたことを確認して帰宅します。

授業のない時間は生徒が書いたレポートを添削したり、家庭学習ノートにコメントを書いたり、学級通信を書いたり、小テストをつくったり、宿題プリントを用意したり。私は理科教師でしたので、実験の準備や後片付けもあります。これにはかなりの時間を費やしました。

また、給食の時間もただ昼食をとる休憩時間ではなく、「給食指導」という勤務時間です。3章で詳しく書きますが、「給食指導」は教師の学級経営にとってきわめて重要なのです。

運動会や文化祭、修学旅行など大きな行事があるときはその準備もあります。生活指導

中学校教師のある1日

8:05	登校……部活の朝練がある場合はもっと早い
8:20〜 8:25〜	職員打ち合わせ 学年打ち合わせ
8:30	出欠確認 朝の学活……学校によっては「朝読書」
8:50〜9:40 9:50〜10:40 10:50〜11:40 11:50〜12:40	1時間目 2時間目 3時間目 4時間目
12:40〜12:50	給食準備
12:50〜13:10	給食
13:10	昼休み
13:25〜	予鈴
13:30〜14:20 14:30〜15:20	5時間目 6時間目
15:30〜 15:40〜	帰りの学活 掃除
16:00	部活……部活のない生徒は下校
18:00	最終下校……冬季は17:30 緊急職員会議、PTA、家庭訪問、その他残業
21:00	施錠・警備

※自治体や各学校によって時間や活動などは異なります。

や進路指導は計画的に行われますが、ある日突然何かが起こることの方が多いのが生活指導です。もちろん、予防・開発的なカウンセリングを活用した取り組み（構成的グループエンカウンターや教育相談など）をして、生活指導が後手に回らないようにしますが、これればかりは絶対に何も起きないと言い切れないところが辛いところです。生活指導上の問題が起こると、仕事の優先順位が大幅に変わることがあります。そのため、予定されていた仕事は後回しになります。

ほかにも教務、生徒指導、進路指導といった「校務分掌《こうむぶんしょう》」の仕事もこなさなければなりません。学校にいる間に終わらなかった仕事は持ち帰りです。帰宅して食事を済ませてから、教材研究（簡単に言うと授業をわかりやすくするための教材教具、課題プリントなどの準備）をしたり、学級通信を書いたり、行事のための企画立案をしたりします。もちろん、教科や経験年数によっても教材研究に費やす時間は異なります。いまは個人情報の保護もあるので、あまりないかもしれませんが、昔は連絡網に教師の自宅電話番号が掲載されていたので、保護者から夜中に電話がかかってくることもありました。

また、教育公務員特例法21条において、「教育公務員は、その職責を遂行するために、絶えず研究と修養に勤めなければならない」という研修の服務があります。これは折に触れ耳にする言葉でもあります。自治体によって異なりますが、初任者研修に始まり、その後、2年目、5年目、10年目といった研修があります。

初任者研修は、ほぼ月に1回のペースで行われます。条件付き採用の見極めもあるので大変です。2年次からは主に授業研究となり、研修内容も経験年数によって丁寧に用意されています。これらは「悉皆《しっかい》研修」といって必ず受けなくてはならない研修です。

ほかにも生活指導、進路指導といった分掌に応じた研修があります。また、教科ごとの研修会や、特別活動、教育相談などの研修もあります。

また、研究のために組織されたものを部会と呼びます。部会には、「教科部会」と「領域部会」があります。教員は自分の専門教科のほか、領域部会からも1つ選び、少なくとも2つ以上の部会に所属し研究を進めていきます。ちなみに私は「理科部会」と「教育相談部会」に所属していました。

研修も部会も平日に開催されるため、もし授業が入っていた場合は時間割を入れ替えてもらって出張します。うまく入れ替えられない場合は、空き時間の先生に代わりに教室に行ってもらい「自習」となります。つまり、生徒の感覚では「やった〜、自習だ！」となりますが、教師の立場になると「せっかくの空き時間なのに自習かぁ〜（空き時間に予定していた仕事ができない状態）」となるわけです。

また、出張に出かける先生の立場になると、たとえば、移動に往復2時間、研修1時間、計3時間分のアキをつくらなければなりません。研修を終え学校に戻ってくると、自習課題が集められ机の上にドーンと仕事が山積みになっていたりするものですから、それはそれは大変です。

出張で担任がいないときに限って、事件は起きます。急に生徒が落ち着きがなくなり、授業が成り立たなかったとか、生徒同士の喧嘩《けんか》やトラブルが発生したなど、その事後対応にも時間が割かれます。

平日の疲れを癒《いや》せるはずの土日はというと、部活指導があります。もちろん、担当した部活にもよりますが、練習試合や大きな大会で遠征に行くこともあります。私は民間企業に勤めたことはありませんから比較することはできませんが、とにかくやりたいこと、やらなくてはならないことをするための時間がもっとあったらいいなぁ〜と、思っていました。

ここで述べたのは、ごくごく一般的な教師のお仕事です。

教育公務員のお給料

最近、不景気で将来の不安が大きいせいか、公務員を志望する学生が多いと聞きます。ただ残念ながら教師になりたいというよりも公務員になりたい、という人もいるようです。安定しているイメージがやはり根強いのだと思います。たしかに公務員は制度的に勤続年数で自動的に誰でも決まった額で昇給します。職員の職種に応じ、給料表によって決定されます。給料表は「級」と「号給」から構成されます。

また主任になると手当がつきます。中学校の場合、法定主任は7名。学年主任（各学年1名、計3名）、教務主任、生活指導主任、進路指導主任、保健主任です。法定主任といっても手当ては1日数百円程度だと思います。というのも、私が主任だった時期、有給休暇をとった日のぶんから数百円引かれていたからです。有給休暇はもちろん給料は引かれませんが、手当てのぶんが引かれていたようです。管理職（学校では校長、副校長です）になるともちろん給与体系が変わります。

一方、ふつうの企業でもらえるような残業代、休日出勤手当ては出ていなかったように記憶していますが、そのぶん調整手当なるものはありました。

実は私は給与明細などをちゃんと見たことがなく、現役のときは制度や仕組みをまったく理解していませんでした。同僚と給与について話すことはなかったし、偶然あとで知ったことや、いまでもわからない、ということもあります。正直に言うとあまり関心がなかったのです。

さきほど勤続年数で単純に昇給すると書きましたが、後でわかったこととして、人によっては特別昇給がありました。3ヶ月から12ヶ月早く昇給するというシステムです。これらは、管理職が決めますので、学校教育に貢献したと評価された一部の人だけということになります。私はある時期から（これもよく覚えていませんが……）毎年いずれかの特別昇給をいただいていたことにあとになって気づきました。

また、これは余談になりますが、ある年は東京都教育委員会職員表彰（学校経営・指導力向上）をいただき、その2ヶ月後に足立区教育委員会褒賞（教育相談分野における指導技法の研究・教師の指導力の育成への貢献）を、そしてその次の年には文部科学大臣優秀教員表彰（生徒指導・進路指導）をいただきました。私自身、なにか特別なことをしたという実感はなかったので、まさか表彰されるとも思っていませんでした。

これらすべて、管理職の先生や諸先輩たちの推薦によるものということがわかったとき、私を温かく見守ってくださっていたことに感謝するとともに、自分の日々の仕事の証しとして、いまでも誇りに思っています。

いかがでしょうか。公務員はがんばってもがんばらなくても、給料は変わらず、そこで勤めていれば毎年決まった額の昇給があるから、考えようによっては楽だと思うでしょうか。実際、私の勤務していた学校にも、やる気のないように見える先生はたしかにいました。自分の守備範囲を決めそれ以上はやらない教師、仕事を分担する際、なるべく楽そうな仕事を選ぶ教師。担任は持たず生徒と深くかかわらないで授業だけ行っている教師もいます。

同僚としてもっとも悲しいのは授業の手を抜く教師です。

授業や生徒指導に問題がある教師は、学校経営からみてとても困ったことですし、何よりも子どもたちからしてみれば大事な1年をこうした教師のために無為に過ごすことはたいへんな損害になります。

このような教師を正式には「指導力不足等教員」といいます。

指導力不足等教員

「指導力不足等教員」とされた教員（校長が認定します）は、1年間「指導改善研修」を受けさせられ、そこで資質を再度問われます。そのまま辞めてしまう人もいれば、戻ってくる人もいます。戻ってくると、リハビリのように、はじめは1時間勤務、次は3時間と徐々に現場に戻すというやり方をしています。

ニュースなどで、日常的に生徒に暴言を浴びせていた教師が学校勤務をはずされ、研修を受けることになったというものがありましたが、それがこの「指導改善研修」です。保護者からは甘い、などの批判の声があがりましたが、違法行為などがないかぎり懲戒解雇はできません。

また、こうしたことを考慮してか、東京都では2013年から教員への給料を業績評価で行うことがスタートしています。徐々にそういう流れになっていくのかもしれません。

お給料のことは大事なことですし、仕事を選ぶひとつの要素ではあると思いますが、教師は子どもたちの大事な成長に影響を及ぼす重大な責務がある、ということを認識していない人には、いずれにしろ務まりませんし、目指すべきではないでしょう。

とくにいま若い世代で離職される教師が増えています。さまざまな理由があると思いますが、もしかしたら、憧れて教師になるという人は私たちの時代よりも少なくなったのかもしれません。

しかし、このような教師もはじめからやる気がなかったのではないと思います。もしかしたら、「学習性無力感」に襲われた結果なのかもしれません。学習性無力感とは、大きな挫折1回よりも、小さな挫折の繰り返しの方が陥りやすく、一生懸命努力しても効果が得られなかった場合の方が、ダメージは大きいそうです。努力を重ねても望む結果が得られない経験や状況が続くと、自分でも無意識のうちに何をしても無意味だと思うようになり、努力を行わなくなるそうです。

教師は基本、まじめで一生懸命の人が多いので、学習性無力感による疲弊感から無力感へと向かってしまったのかもしれません。そして、学習性無力感に襲われていく自分に気づいた人の中には、そのような自分に堪えきれなくなって、休職や退職をした方もいらっしゃるのではないでしょうか。

だからこそ教師は「メタ認知能力」（自分の思考や行動を客観的に把握し認識する能力）

を身につけることが大切なのだと思います。そうした脳の癖をつけると、学習性無力感に襲われず、逆に、自己教育力を兼ね備えた教師へと成長することができるでしょう。

そんな思いで、いまの私の研究「蓄積データによる教師のメタ認知能力の育成と教師の指導行動」（参考図書：『うまい先生に学ぶ　実践を変える2つのヒント』図書文化社）を進めています。

第2次大戦後から高度成長期のころの「でもしか先生」（先生にでもなるか、先生にしかなれないという消極的な志望動機の先生）も、日本国内の経済の低迷や少子化に伴って、教師の採用枠は激減したため、特に大都市以外の県では狭き門になっているのが現状です（私が採用試験を受けたときの中学校理科教員の倍率は、約50倍だったと聞いています）。いまでも教科によっては、採用のない年もあるとか。それに比べ、ここ数年の東京都の中・高共通では6倍〜9倍強となっています。

校長、副校長の役割とは

学校では校長、副校長が組織としての管理職になります。東京都ではいずれも管理職試験を通過した人がなります。副校長は法改正で設置できるようになったもので、その名の通り校長の補佐役です。以前からあった教頭はどちらかというと教員のリーダー的な役割でした。副校長と教頭はいずれかを置くことで良いことになっています。

管理職になるにはどうすればいいかは、各都道府県によって違います。ここでは、東京都を例にご説明します。東京都では、教員になって8年たつと主任教諭の選考を受けられ、34歳以上58歳未満、主任歴2年以上で主幹が受けられます。また、主幹を3年以上やると副校長の選考が受けられます。さらに、副校長を3年やると校長選考が受けられます。副校長や校長はいずれも選考に受かると候補者となり、1年間、任用前研修を受けます。研修が終わるときには任用審査があって、これに通ってはじめて副校長や校長になれるのです。

近年、東京都でも管理職不足はかなり深刻で、主任教諭でも、指導主事選考、副校長選考を受けられるようになりました。また、定年退職した元管理職を再雇用しながら対応している状況になっています。

管理職を希望する人は、以前はそれなりにいて倍率も高かったのですが、ある時期を境に、団塊世代の下あたりから少なくなりました。働き盛りといわれる人が少なく、若手の育成に手をかけなければいけない、また「年上の部下」の存在も、その方への対応が難しいこともあります。そうした環境の中での管理職は大変なので、希望者が少なくなったようです。また、どこの組織でも同じなのかもしれませんが、管理職はそもそも激務で、とくに中間管理職の副校長の業務量が多く、地域や保護者の対応、教育委員会への報告書類、教員の指導、その他雑務などがあり、いまや管理職のなり手がいなくて困っているのが実情です。

こうした状況を見かねた東京都が管理職募集のための宣伝のパンフレットを作成して配ったことがあります。そこに、たまたま私の元同僚が写真つきで出ていて、

「指導主事は楽しいお仕事です。みなさん僕たちの仲間になりませんか！」

と呼びかけていました。思わず「嘘《うそ》つき〜」と笑ってしまいました。楽しかったら呼びかける必要ないですものね。

教師としてのキャリアを考えた場合、考え方はいろいろとあると思います。学校全体を良くしたい、自分の理想とする学校経営をしたいとの思いから管理職の道を選ぶ方もいらっ

しゃれば、退職まで子どもたちの近くで仕事がしたい、現場での喜びが管理職になることによって減ってしまうとの思いから生涯現役教師の道を選ぶ方もいらっしゃいます。

私にとって管理職になるということは、自分のやりたいこと（常に生徒と活動を共にすること）ができなくなるのでは、という不安が大きかったですし、何よりもその器ではなかったと自覚しています。

「あなたよりも若くて、えぇ〜！この人が？という人が上司になってもいいんですか！」なんて校長から言われたこともありますが、そのときは、とにかくなりたくなかったものですから、それはそれで仕方ないことと思っていました。それでも、校長から言われ続け、最終的に主任教諭にはなりましたが。

もちろん、学校の管理職というのはとても重要です。校長先生は人事権をもっていますので、所属学年や担任か副担任かなどを決めるのも校長です。これが適切でなかったり、人間関係などを考慮しなかったり（めったにいないと思いますが）すると、学校が荒れます。学級崩壊どころか学校崩壊が起きてしまいます。実際、荒れていた学年の担当教員を、次年度一人残らず入れ替えてしまったため、さらに荒れがひどくなってしまった事例もあります。

また、教員や生徒の状況をきっちり把握しないまま、常に地元の評判や、自分の保身にばかりに気を取られている管理職もいました。

もちろん、その逆で素晴らしい校長先生方もたくさんいらっしゃいます。最近、ご著書を出版された高橋正尚氏（元横浜市立南高等学校附属中学校校長、現鎌倉女子大学教授）もそのひとりです。荒れた学校を再生し、学力もトップクラスにした改革請負人といわれている方です。管理職の指導力、運営能力によって学校は大きく変わります。もちろん、教職員のすべてがそこにコミットし、同じベクトルで働かなくてはなりません。学校も当然のことながら「組織」であり、チーム力とともに同僚性が問われるということです。

校長が行う人事に、教員の「校務分掌」の割り当てがあります。管理職以外の教員は、教務部、生活指導部、進路指導部など必ずいずれかに属します（図参照）。それぞれに主任があります。教務主任は校長、副校長に次ぐナンバー3です。教務部会において、学校全体のスケジュールや、時程（時間割）を決めるなどの役割があります。進路指導は最終学年に限らず、1年生のうちから、キャリア教育を行います。どんな職業があって、どんな人生を送りたいかなどについてです。こうした重要な業務の主任にはさきほど紹介した主任教諭や主幹教諭に任用された人が就きます。

学校組織図（校務分掌）の一例

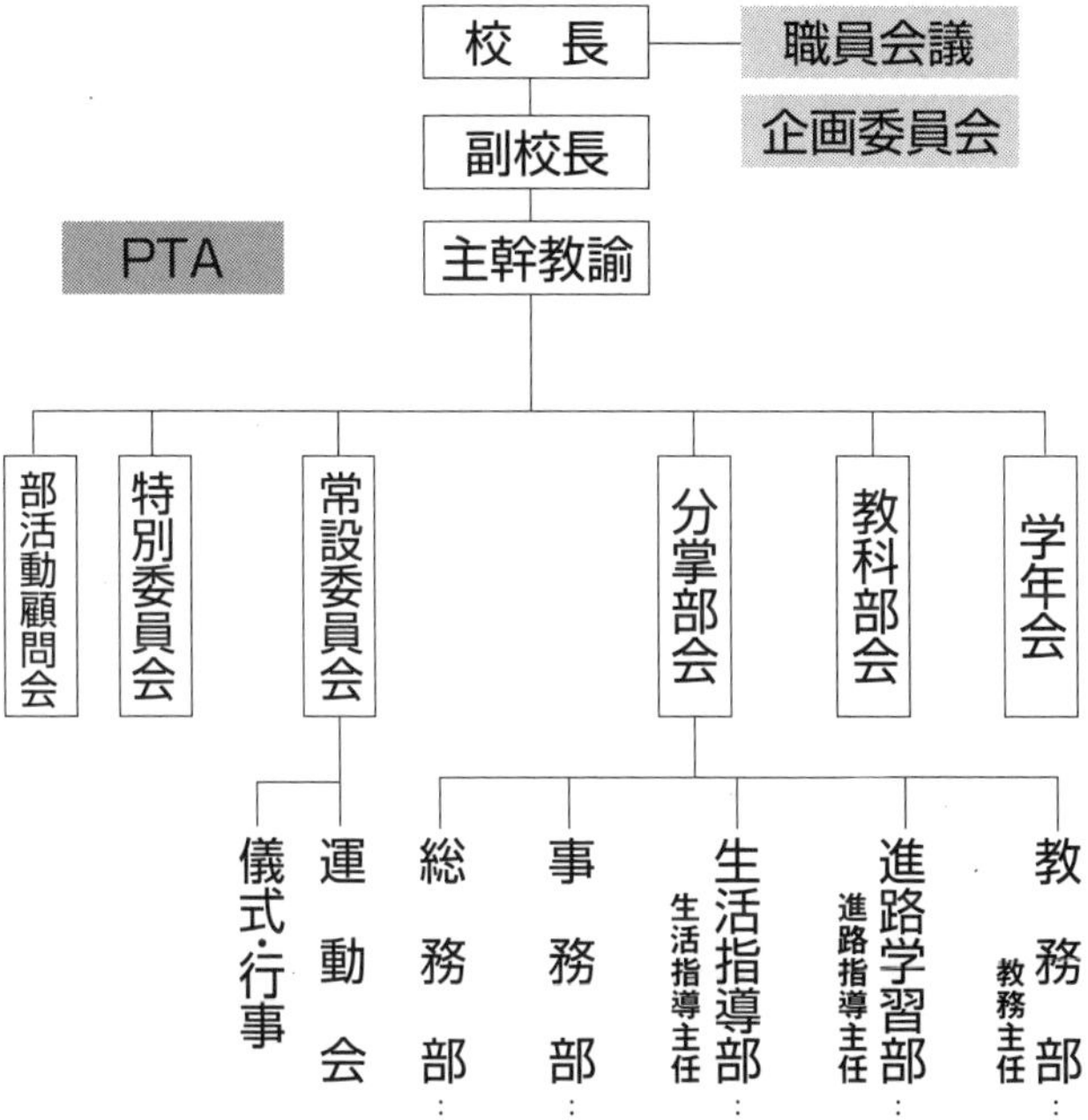

教務部……教育課程の検討、時間割の作成、児童・生徒の学籍・成績評価に関する事務処理など

進路学習部……進学・就職活動の情報収集と広報、支援、模試・模擬面接の計画・実施など

生活指導部……校則などの検討、生徒の校内生活・校外生活上の指導指針の作成、補導など

事務部……施設・設備の管理・営繕、出納、給与管理など

総務部……年間日程調整、保護者団体・同窓会との連絡、学校広報作成など

校務分掌とは

学校運営における業務を分担し、協力体制で進めていくための役割分担。

※あくまで一例です。
自治体や各学校によって異なります。

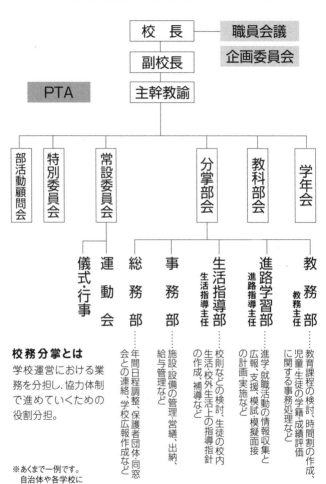

こうした役割に関しては、年度末に希望調査があります。どの学年を受け持ちたいか（第3希望まで書きますから、結局全学年「希望」したことになるのですが）、担任・副担のどちらを希望し、校務分掌はどこに所属したいかなどです。

公務員に異動はつきもの

公立校の教師は地方公務員ですので、自治体（都道府県）内のすべての学校が勤務先として対象になります。また、定期的な異動があります。

2月半ば頃になると、私学に進学する生徒の人数もわかるので、各中学校の生徒数が確定します。教師の人数は生徒数によって決まるので、そこに配属する教師の人数も必然的に決まります。

また、事前調査で各学校の退職者と異動希望者も把握できているので、新規採用者をどこに何人配属するかなど、全体を通してどうするかが決定してはじめて定期異動が行われます。そして、2月下旬頃にはおよそ異動先がきまり、校長室に呼ばれ異動先が伝えられます。

あるとき、教員になって初めての定期異動になる若い女性教師が校長室に呼ばれました。しばらくして大きな泣き声が聞こえてきました。

あまりの泣きっぷりに驚いて、校長室から出てきた彼女をつかまえて「どうした？」と聞くと、

「島に行くことになったんですぅ」

と言いました。

もちろん、島はいいところですが、若くて経験の浅い先生が、ちょっと行ける距離じゃないところに何年も暮らすことは不安が大きかったことでしょう。

そこで私たちおばさん教員が登場し、

「そっか島かぁ〜。う〜ん、青い海、白い砂浜！　ここで恋が生まれないわけがない！」

と、勝手なことを言いいながら、なんとか励まそうとしたのでしたが、そのときの彼女にとっては逆効果だったようです。

異動先では最低3年は勤めなければなりません。それ以降になると異動の希望が出せるようになります。彼女は島に渡りました。船から島が見えると住民の方が大漁旗を振って

待ってくれていて、「○○先生いらっしゃーい！」と盛大な歓迎だったそうです。ローカルTVでも「○○先生到着」とニュースになり、島のどこへ出かけてもみんな自分のことを知っていてとても気恥ずかしい思いをしたそうです。

その彼女も3年後、島から帰ってきました。私たちの予言（？）どおりに、島で知り合った先生と結婚して、子どもと一緒に。

数年前、研修会の講師依頼をいただき八丈島に行ったとき、研究会などで何度となくお会いしたことのある先生が数名いらっしゃったので、島の学校に赴任した経緯を尋ねたところ、その方は「自分で希望して来ました！」ときっぱりとおっしゃいました。私は以前から島への赴任は希望制にしたほうがいいと考えていました。そのほうが前向きだし、島の人たちにとってもうれしいことなので。実際、近年ではそうした流れになっているようでうれしく感じました。

島には教員用の宿舎があって、だいたいそこに住むようになります。最近では、ホームページで教員の方が島の魅力などを伝えています。

また、これはあまり知られていないかもしれませんが、海外にある公立の日本人学校に転勤することもあります。赴任先はローマ、ロンドン、ベルリン、グアム、リオデジャネイロ、ニューデリー、上海、シンガポールなど世界中にあります。文科省から派遣されるかたちになります。希望者は試験・面接などに合格しなければなりません。身分や待遇はそのままで、3年間勤務することが決まっています。

何度も希望する人が以前はいたのですが、いまは管理職にならない限り一般教員が行けるのは一度だけです。ちなみに、公平人事にするため、たとえば英語の先生は英語圏の国に赴任できないことになっているといいます。

恋愛と結婚

教師にも人生があります。私生活も当然あります。

どんな業界でも同じかもしれませんが、毎日多忙だと、出会いはほとんどありません。そのせいかどうかはわかりませんが、教師は職場結婚がとても多いです。私の若かったころは、相手が教師ではない、というほうが完全に少数派でした。職業が違うのは、だいたい大学時代（あるいは高校時代）から付き合っていたからというようなケースが多かったように思います。出会いの少ない職場なので、いまでも教師同士が結婚するパターンが多いのではないでしょうか。

学校行事で夏に2泊3日で林間学校や臨海学校に行きます。教師たちも生徒と行動をともにするわけですが、ただただ、自然に包まれ、まわりにはなにもなく、星空もきれいで……そこで恋が芽生えるということもあったようです。

前に紹介した島に赴任した先生が結婚した相手も同僚の教師でした。

私が若いころ、教師になると決めたと同時に一生独身でいようと心に決めました。とにかく憧れの職業につけるのなら、すべてを捧げたい。自分は不器用なので、家庭と仕事を両立させることは無理だろうと思い込んでいました。30年以上前の当時の状況として、女性が子育てをしながら教師の激務をこなすという例が少なかったせいもあったでしょう。当時、私も真剣に考えて結婚か教師かの二択だったら、私には教師しかない、と思ったわけです。

教育実習を体験すると、やっぱり教師は楽しい、夢中になれる、とますます教師への想いは強くなりました。もし私が恋愛をしたり、家庭を持ったり、プライベートのいろいろなことで感情が揺れ動いたりしたら、仕事に影響してしまう。若さゆえでしょうか、そのとき私の中では、もう恋愛や結婚は「不要なもの」くらいになっていました。

ところが私は新任の年、23歳で結婚することになります。

相手は技術の先生でした。きっかけは授業の相談でした。中学の理科は物理、化学、生物、地学とすべて教えますが、私の専門は化学でした。もちろん全部勉強してはいますが、とりわけ電気が苦手だったのです。ほかの理科の先生は学年も違っていて、ちょっと聞きづらく、たまたま技術で電気を教えていた先生に相談にのってもらったのです。

技術と理科では同じ電気でも教え方が違い、私としては目からウロコ。いろいろと話しているうちに、いろんなアイディアが浮かび、それを彼が実験道具としてつくってくれたのです。授業もとてもうまくいきました。

また、彼は柔道部、私は剣道部の顧問だったので、練習日や試合会場も同じ、一緒にいる時間が必然的に多くなり、親しくなっていきました。一生独身でいようと心に決めていたのですが……、結局、恋をしてしまったのですね。

ただ、恋をすると感情の浮き沈みはつきものです。その感情の浮き沈みが教育に影響してはいけないという思いがずっとあり、ならば「早く落ち着いて、先生の仕事をしたい」という思いから、結婚することにしました。

教師は夫婦で同じ学校では働けません。ですから、夫婦のどちらかが異動することになります。その場合、女性のほうが異動するケースが多く、結局、私が異動することになりました。

産休と代替教員

私が最初の子を出産したのは、24歳のときでした。11年間勤務した学校で、都合3人の男の子を出産することになります。その頃は、育児休業や産前産後休業などは制度としてはあるものの、周囲のサポートや、意識の部分がいまよりも定着しているとは言い難い状況でした。これは一般企業、公務員の隔てなく、当時の日本では概《おおむ》ねそういう状況だったのではないかと思います。

東京都では毎年、産休に入るであろう女性教員を予測して、教科ごとに産休代替の非常勤講師を登録しておくというやりかたをしていたと聞いています。ところが理科の産休代替はわずかでした。理科の女性教員自体がそもそも少なく、出産する可能性のない（当たり前ですが）男性教員が多いため、備えが非常に少なかったのです。

結果、私が産休や育休を申請しても、代替教員がいないという、ありえない事態になってしまい、東京都からは特例として、教師経験がなくても教員免許をもっている人であればいい、ということになりました。ただし、学校のほうで手配するという条件付きです。そんなこととも知らず、いつから産休に入れるのか、教頭先生に聞きに行ったら、

「産休に入るのなら、まず自分で産休代替を探していらっしゃい」

と言われたのです。驚くような事態ですが、結局、自分で代替教員を探さなくてはいけなくなりました。

どこにどうアプローチしたらいいのかわからなかったのですが、まずは母校の大学に行って、「産休代替教員募集」の求人案内をだしてもらうことにしました。運よく、後輩が来てくれることになりました。スリムな体型で話し方もとても優しそうな院生だったので、「この荒れている学校で大丈夫かなぁ〜」と心配になりました。実際、産休中の彼からの報告も「生徒が僕の話をぜんぜん聞いてくれません」とか「生徒たちが実験の後片付けをしないで帰ってしまいます」といったものでした。

困ったことや手に負えないことが起こると、すぐに私のところに連絡が入り、その都度、相談しながら進め、少しずつですが、生徒が前を向くようになり、彼も自信がついていったようです。彼にはとても感謝しています。

出産後、まだ教師になったばかりなので、早く現場に戻りたいと思っていた私は、育児休業はとりませんでしたが、子どもは、実家の母が自分の仕事を辞めて見てくれました。実家から私の家までは、小一時間かかりますが、毎日、通いで来てくれました。

「あなたが教員になったとき、仕事を辞める決心をしていた」

とずいぶん後になってから母に聞かされました。産休明けから育休もとらず復帰できたのも、母のおかげです。復帰後も、ほとんど母乳で育てていたので、私の授業の空き時間に合わせて、授乳のため1日1回から2回、母が学校に子どもを連れて来てくれました。学校の職員通用門のボタンを押すと職員室に「ピンポ～ン」とチャイムが鳴り、誰彼ともなく「お～い！オッパイタイムだよ！早くいってあげないと待ってるよ」と声をかけてくれました。こういう人たちが、私の職場の仲間でした。1階の主事室は一時授乳室に早変わり。休み時間と重なろうものなら、女子生徒が興味津々で授乳姿を見に来ては「赤ちゃんを抱かせて欲しい」と手を差し出します。私は、わが子を育てることと、私自身が生きた教材として中学生の前に立つことで必死でした。いま、こうして私が教員生活を続けられるのも、陰で私を支えてくれた母のおかげです。

2人目の出産の時も、教育委員会に代替教員がおらず、またしても大学時代の後輩を自力で探してきました。同様に育休までとることはできず、それどころか、2学期から突然、担任をすることになり、育児時間すら返上しなければならなくなりました。

産後の1年間は、育児時間をもうけるため、始業と終業それぞれ1時間短い「時短勤務」になるのです。悩んだ末、ご近所を頼ることにしました。その方は全くのボランティアで協力してくださいました。朝、私の母が来るまでの間の1時間、子ども2人を第二のママに託しました。

3人目の出産。このときは、どういうわけか職場は出産ラッシュでした。私の妊娠がわかったときには、もうすでに、3人が産休期間の報告を済ませていました。

新しく赴任された教頭が、この状況のなか、どのようなリアクションをされるのかとても心配でした。

ところが、この教頭がとても温かい方で、

「おめでとう！　自分の妻の出産予定日は忘れても、鹿嶋先生の予定日は忘れませんから、安心して産休に入ってください」

と強く手を握りながら言ってくださいました。

しかし、教育委員会の方は相変わらずで、このときも代替教員がいなかったのですが、ありがたいことに今回は、教頭先生が探してきてくれました。結局、特任という形で、私立高校夜間部の講師の先生と、教員免許はもっているけれど教育実習以外一度も教壇に立ったことのない四十代後半の専業主婦の2人で、私の授業を担当してくださることになりました。

突然教員になった専業主婦の先生はとても熱心で、ご自身のお子様2人を現役で東大に合格させた教育ママでした。熱心なあまり、放課後には毎日私の自宅まできて、

「ここはどうやって教えるんですか」

「試験問題はどうやって作ればいいですか」

など教材研究をやりながら過ごしました。

育児をしながら働く

出産予定日の2週間前、大きなお腹のまま学校まで行って、各教室をまわりながら定期考査の質問を受けたこともありました。生徒のことを考えると、いても立ってもいられな

くなり、やはり育休は取らずに復帰すべきではないかと考えるようになりました。

産休中の春休み、突然校長から「保護者からの要望もあり、復帰後は3年担任をお願いしたい」と電話がありました。産後の1年間は、始業と終業それぞれ1時間短い「時短勤務」になります。ですから本来は副担しかできないはずです。校長先生は一体何を言っているのかと思いました。

「朝学活と帰りの会をやらない担任なんていませんよね」

と尋ねてみましたが、それでも担任をしてほしいということでした。実は私が産休前に所属していた学年が、その後、学級崩壊を起こしてしまっていたのです。

とはいえ、一緒に産休に入った3人の先生方は、それぞれが育休や育児時間を当たり前のように取っているのに、私だけ取れなくなるのです。

「ちょっと考えさせてください」と言ったものの、「子どもたちが待っています」と言われると心が揺らぎました。

しかも、その学年には不登校傾向にある女の子が「鹿嶋先生が担任なら3年からはちゃんと行く」と言ったらしいのです。私が産休中だったそうですが。

結局、悩んだ末、担任をすることは了解しましたが、育児時間の確保だけはとにかく約束してもらいました。そこで校長は苦肉の策として、当時まだ聞き慣れない「複数担任制」にすることを提案してくださいました。私の副担になってくれた新規採用の先生が朝学活を担当し、そのときの様子を丁寧にノートに記録してくれました。私はそのノートを読んで、出勤後すぐにクラスの生徒の顔を窓越しにはなりますが、必ず見に行きました。やがてこの交換ノートは、その若い先生の悩み相談ノートも兼ねることになりました。

このように、私は3度すべての出産で育休はほとんどとることができませんでした。状況的に仕方のないこともありましたが、他の先生がきっちりお休みをしているのにという、なんとも理不尽さを感じてもいました。また、同じ育児中の先生に対しては、周囲が気を遣っていましたが、そうした気遣いも、なぜだか私にだけはありませんでした。

当時の私はいま風に言うと子どもファーストで、でもダメなことはダメと言うことからか、保護者からは「女金八」などと呼ばれていました。自分でも自覚しているくらい負けん気が強く、とにかくがむしゃらでした。育児の間、研究主任を何度となく任されたこともあり、深夜に赤ん坊を抱っこしながら、研究発表のための原稿を書いていたのを覚えています。

2章
生徒と向き合う

「困った子」は「困っている子」

誰でも最初は1年生。教師もそうです。

少し私の昔話にお付き合いくださいね。

私の初任の学校は新設されて間もない中学校で、1学年8学級もある大規模校でした。自宅から通うには遠すぎるし、慣れない仕事に専念したかったこともあり、学校まで自転車で10分の所に部屋を借り、ひとり暮らしをすることにしました。引っ越しに関わるすべてのものは、大学時代にアルバイトで貯金したなかから、準備しました。

大規模校ゆえに教員の数も多く、職員室内も教師がひしめき合っていました。私は教科が理科なので、準備室もあるという理由からか、座席は教頭先生と教務主任と向かい合わせの場所でした。教務主任のすぐ後ろのドアは校長室という、新採の私にとっては何とも居心地の悪い席でした。そんな理由もあり、あまり職員室にいることがなく、ほとんどの時間を理科準備室で理科の先生方とともに過ごしました。

理科の教師は年配の男性4人と私の5人でした。理科室は準備室を挟んで第1理科室と第2理科室があったので、先輩方の授業を実際に見て学ぶことができました。

また、空き時間には準備室で、実験の準備やコツなどたくさん教えていただきました。いまふり返っても、本当に贅沢《ぜいたく》な環境だったと感謝しております。ここでの経験がその後の私の理科の専門性と実践、教師としてのあるべき姿に大きく影響したことは確かです。

また、休み時間のたびに生徒が準備室を訪れ、理科の質問や悩み相談（恋バナも……）など、とりとめのない話をしていました。昼休みは、生徒にとっても私にとっても貴重な時間。なぜなら、生徒が授業では見せない顔を見せてくれますので。職員室や準備室にこもってお仕事をしている暇はありません。とにかく校庭に出て生徒と一緒に過ごします。バレーボールあり、サッカー、バスケットボールあり、木陰に座っておしゃべりあり。

なかなか慣れなかったのが、朝のお茶くみです。新採の同期は私のほかに男性2人でしたので、お茶くみは女性である私の仕事でした。50人近くいる先生方の湯呑み茶碗を覚えるのには本当に苦労しました。

いまではあまり考えられないかもしれませんが、当時、お茶くみは女性教師のお仕事で、先輩の女性教師からお茶くみの手ほどきを受けたくらいです。しかもその頃は、男尊女卑の風土があり、その学校の体質自体も古いものでした。主要5教科・不要4教科などと陰口を耳にすることもあり、このような教科に関する差別意識があることに対しては、不快感を抱いていました。

また、ある時、男性教師から300人を超える生徒の成績処理を頼まれました。まだパソコンなどない時代ですから、すべて電卓か手計算での処理となります。私が一生懸命、電卓を打っていると、その横で私に仕事を依頼した先生は優雅に仲間と碁を打っていました。これには我慢できず、成績処理が終わった書類一式を、「入力しました！」とその碁盤の上に「ド〜ン！」と、威勢よく置いたことがあります。仕事をすること自体がいやなのではありません。人に仕事を押しつけて、自分は遊ぶ、その姿勢が許せなかったのです。

そんななか、救われたのが陸上部の顧問だった女性教師の存在でした。学生時代に陸上部だった私は、陸上部の顧問をしたかったのですが、すでにその先生が顧問だったので、第2希望である剣道部の副顧問になりました。それでも剣道部の活動日でない日は陸上部に顔を出し一緒に活動していました。担当学年は違っていたのですが、生徒への対応で困ったときなどは、よく相談にのってもらいました。

この学校は集団で問題を起こすような生徒はおらず、初任の学校としてはめぐまれていたかなとも思います。

しかし、どんなに落ち着いた学校であってもまったく問題が起きないということはありません。新採は生徒といちばん年齢が近く、親しく話しやすい反面、なめられる、というかバカにもされやすいという側面がありました。そんな中、生徒との距離感、関係づくりという意味では手探り状態で進めるしかありませんでした。

2ヶ月が過ぎ、多少の不満はあるものの楽しい教師生活が送れそうだなぁ〜と思っていた矢先の出来事です。とりたてて問題を起こすこともなかった女子生徒が、ある日、私のところへ「相談がある」と言ってやってきました。ちょうど、職員会議がはじまる時間だったので、「職員会議が終わったら話を聞かせてね」と言って会議に向かいました。すると会議中にその子が廊下から大声でさけぶ声が聞こえてきたのです。

「教師やめちゃえ！」

「生徒が困っているのに話も聞かないならやめちゃえ！」

「教師失格だ！」

と、私の名前を言いながら、何度も何度も叫ぶのです。

先生方もびっくりしていましたが、名前を呼ばれた私はもっとびっくりしました。「なにがあったの？」と、先生たちから聞かれても、頭の中が真っ白になり身動きがとれずにいました。学年主任と生活指導主任がその場を納めてくださいましたが、本当はどのように対応したらよかったのか、そのときの私にはまったく思いつきませんでした。

その後、「教師は嫌われてなんぼだからねぇ～」と年配の先生に言われました。そのときは、そのことばの意味がわかりませんでしたが、あとになって「生徒にダメなものはダメと言えない先生になってはいけない。時には嫌われる覚悟も必要」ということだとわかりました。

その子の相談とは、好きな先生がいるけど、その先生がかまってくれない……といった内容でした。思春期の悩みとしては切実かとも思いますが、教師になって数ヶ月でいきなり生徒に「教師やめちゃえ！」と言われるとは夢にも思っていませんでした。

その女子生徒とはその後もいろいろなことがありました。「教師やめちゃえ！事件」から約1ヶ月後には家出騒動がありました。夜8時頃、私の家の電話が鳴りました。「いまから家出するから」という彼女からの予告電話です。教師になりたての私一人ではどうしたらいいのか判断できず、先輩の先生に連絡すると、すぐに車で私の家まできてくれました。警察にはおうちの人がすでに連絡していました。

いまは中学生でも携帯電話をもっているので、いざとなれば連絡がとれることから〝プチ家出〟といって、あまり気にしない風潮（？）もあるようですが、当時は一大事でした（もちろん、いまも一大事ですが……）。

2人で夜通し探しましたが見つからず、翌日の朝からは先生の人数を増やして探しました。大勢で探した結果、ようやく昼頃に見つかりました。

その生徒は学校ではまわりからあまり相手にされず、他校の同じような状況にある生徒とよくつるんでいました。クラスでうまく人間関係がとれないため、かまってくれるのは先生だけ。先生を好きになったというのも、家出の予告電話を私にかけてくるのも「誰かにかまってほしい」というのが理由だったように思われます。人の気を引くために反発したり問題を起こしたり、ということがたびたびありましたが、心のうちを話せるようになってからは少しずつ落ち着いてきました。

問題行動を起こす生徒は、人を困らせたくてやっているのではなく、どうしたらうまくいくのかわからず、自分自身が困っているために不適切な行動になってしまうということを、実感する出来事でした。そういう意味では、この生徒は私に「困った子」は「困っている子」ということをはじめて教えてくれた生徒です。

廊下をバイクが走る荒れた中学

次の異動先の学校は、はじめの学校に比べたらまったくの別世界でした。廊下をバイクが走り、授業中にもかかわらず1年生の教室に3年生が窓から乱入し、土足で机の上を飛び回るという事件もありました。

私が赴任する2年前が最も荒れていた時代で、ニュース番組でとりあげられたほどでした。そのなごりの3年生（1年生のころ荒れた先輩を見ている）が、当時の雰囲気をかなり引きずっていたのです。

物静かな同僚の女性教師などは、3年生が怖くて何も言えないと日々おびえていました。彼らは注意されると待ってましたとばかり、突っかかってきます。明らかな挑発行為です。でも、見方を変えると、誰も相手にしてくれない寂しさからちょっかいをかけ、反応してくれるのを待っているようにも思えました。先生方の中には、彼らにかかわればかかわるほど、関係は悪化して収拾がつかなくなることを体験してきたこともあってか、見て見ぬふりをする先生も少なくありませんでした。3年生へのそうした教師の対応を目の当たりにしている1年生の心中はどうでしょう？「何もできない先生」「自分たちを守ってくれない先生」と写り、中には「この先生ちょろいな！」「自分たちもあのくらいのことはやっても大丈夫そうだな」と心ならずも感じた生徒もいたのではないでしょうか。

実は私の出身中学も荒れていたので、ある程度「免疫」みたいなものがあったのだと思います。当時の私には生徒が怖いとか、かかわると面倒とかいう考えはありませんでした。この状況の中、何が何でも「1年生を守らなくては！」という思いから、見て見ぬふりだけはできませんでした。

かといって、教師2年目の私にとって、荒れた生徒と向き合う方法など、誰からも教わったこともなく、ただただ心が感じた、そのままの自分で立ち向かうことしかできませんでした。たしかに中学3年生の男子ともなると背も大きく、取り囲まれたら恐怖かもしれません。そんなときは「とにかく座って」と同じ目の高さにして、話をしていました。

ただ、当時のワルはワルなりの仁義といいますか〝女にだけは絶対暴力をふるわない〟という暗黙の掟《おきて》のようなものがありました。「てめぇ〜」とか「うぜぇ〜」とか暴言をはいたり眼《ガン》を飛ばしたりはします。でも、拳を振り上げても顔ではなく横の壁を殴ります。そういう彼らの行動を知っていたから、ひるまず立ち向かえたという部分も確かにあります。

暴力行為が横行する渦中にいながら、幸いなことに、彼らに暴力をふるわれたことは一度もありませんでした。

ここは、毎日が運動会のようなハードな職場です。結婚と異動、同時に環境が2つも変わり、そのうえ、初めての妊娠です。私にとってはダブルパンチ以上の衝撃でした。自転車で10分だった通勤時間が、異動により1時間に変わりました。しかも朝の通勤ラッシュは想像を絶するものがありました。地下鉄の中では、人に挟まれバッグが手から離れても下に落ちなかったり、押されて体が斜めになり足が床から離れそうになったり、あるときは傘が折れまがったこともありました。

そんななか、私は突然貧血で倒れてしまいました。妊娠による貧血でした。そのまま、2週間絶対安静と言われ、入院を余儀なくされました。そのとき、4階の教室から私を担いで保健室に運んでくれたのは、あの3年生のワルたちでした。ありがたかったのは、入院中に、サプライズで夫が学校の近くに引っ越してくれていたことです。そのおかげで、なんと私の通勤時間は徒歩3分になりました。

当時、なぜこんなに学校が荒れているかわかりませんでした。でも、少しずつわかったのは、この子たちは荒れたくて荒れているのではないということ、本当はみんな優しくて根のいい子たちだということです。

この学校がある地域は、昔ながらの下町人情にあふれていました。私が受け持った1年生もまた、いろいろな意味でやんちゃではありましたが、可愛らしい人懐っこさもありました。保護者も何かあるとエプロンをつけたまま学校に飛んできてくれるような、気のいいお母さんたちでした。

生徒と同じ地元に住んでいたので、買い物をするのも同じスーパーでした。子どもたちとスーパーで出会うと「先生、先生！」と話しかけてくれました。私生活が丸見えで嫌だという人もいますが、当時の私はまったく気になりませんでした。地元に住んで地元を好きになるって本当に大切だと思いました。

9月からは産休です。1章でも書きましたが、母校の大学に代替教員の求人案内を出してもらった結果、教員志望の男子大学院生がきてくれることになりました。

生徒のことが気になって、産休が終わる12月には復帰することにしましたが、育児時間のために出勤時間は1時間遅く、1時間早く退勤するため、担任にはなれず、また副担任として勤務しました。

担任になれない焦り

教師になったからには担任にならなくてはその醍醐味《だいごみ》は味わえません。ですから、担任希望は当たり前で、学年末に校長先生から「来年度は副担任で」と言われようものなら、「なぜ私に担任を持たせてくれないのか？」と詰め寄る先生もいらっしゃったくらいです。いまは、保護者からのクレームに悩まされたり、生徒の問題行動にふりまわされたり、といったことを考えると、積極的に担任を希望する先生は、もしかしたらそう多くはないかもしれません。お給料は同じで、責任や仕事量は雲泥の差となると、「担任」は割に合わないと感じる人もいるかもしれません。それでも教師の醍醐味は担任でなければ味わえないと言っても過言ではありません。

当時の私には、担任になれないという焦りがありました。せっかく教師になったのだから生徒の近くにいたい。生徒側から見ても担任と副担では心理的距離がぜんぜん違うと思います。言ってみれば、担任が親なら、副担はたまに会う親戚みたいなものです。生徒との関係が濃い分、やることも多いし、大変なのは当たり前ですが、なんのために教師になったのかを考えれば当然だと思いますし、それこそが教師としてのやりがいだと思います。教科指導だけやりたいのであれば、塾や予備校の先生でもいいわけですから。

念願かなって、校長先生に「来年度は3年の担任で！」と言われたときは、天にも昇る心地でした。担任として初めて持つ学年が3年生というプレッシャーはありましたが、それ以上に待ちに待った憧れの担任ができるうれしさの方が、私には大きかったのです。

生活指導上、手強い生徒はたくさんいましたが、「これまでもどうにかなったのだから、これからもどうにかなる」と、いま思うと不思議なくらい、根拠のない自信がありました。

ところが、その2日後、妊娠していることがわかったのです。子どもを授かったことはこのうえない喜びでした。担任も持ちたいし、もちろん子どもも産みたい。なのになぜ悩んでいるのか。子どもを産むということは担任を降りることになります。女であることはこういうこともあるのです。

学年が荒れていただけに、担任は男性でないと成立しない、という風潮がありました。今回の人事は、女性である私が必要とされ、私を評価してくれたものだと誇りに思っていました。「期待を裏切ったのだから、『無責任』と思われるだろうなぁ～、『だから女はダメだ』と思われるのかなぁ～」など、私にしては珍しくネガティブ思考になっていました。

このことを大学時代の恩師、國分康孝先生に話したところ、たった一言「愛する者のためには、後ろ指をさされる勇気を持て」でした。

3年副担でスタートした頃には、生徒も進路を気にしてか少しずつ落ち着いてきました。都内の多くの3年生が、高いお金を払って塾や予備校の夏期講習会へ参加するなか、生活水準も低いこの地域では、ほとんどの生徒が塾や予備校には行かず自力で中学3年の夏を乗り切るしかありません。

学校としてもできる限りのサポート体制をと考え、夏休みの前半と後半に10日ずつ計20日間、理科の補充教室を行うことにしました。学校にはまだ扇風機やクーラーが設置されていない時代のことです。猛暑の中、身重の私にとって、連日休まず通ってくる生徒のパワーに応えるには、気力しかありませんでした。

夏休み中、4階までの階段を駆け上がり補充教室（2クラスを2時間ずつ）を行っていたためか、おなかの子どもが成長しておらず（臨月にしてたった3kgしか体重が増えず）、産休に入ると同時に、入院することになりました。働き過ぎ、動き過ぎということで、絶対安静と言われ、ベッドにくぎづけ状態になりました。その秋、多少小さめでしたが無事に次男を出産することができました。

細かいストレスはきっとたくさんあったと思いますが、無我夢中で過ごしていたので、それをストレスとして感じるゆとりすらありませんでした。日々追われるような忙しさが、なぜか自分のなかでは充実感につながっていたように思います。

出産後、1年生の副担任で現場復帰しましたが、学校は相変わらず荒れていました。担任は音楽の女性教師でした。とても真面目で頑張りやさん。学級通信のほのぼのとする文面にも人柄があらわれていました。

夏休み前のある日、その担任の先生が、家に遊びにきました。学校のこと、育児のことなど、いろいろと話しているうちに、「うちのクラスどう思います？　生徒たちかわいいですか？」と聞かれ、「やんちゃなところはあるけど、かわいい子たちですよねぇ～」と答えました。もちろん、本音です。担任の先生は「そうですか、よかったぁ～」とどこか安堵《あんど》したような表情で帰っていきました。

それから何日もしないうちに、その先生は突然、退職してしまいました。担任したクラスは学級崩壊し、担当の音楽の授業も成り立たず、生徒の前に立つのが怖くなったというのが理由でした。

そして2学期、私ははじめてそのクラスの担任をすることになったのです。

学級崩壊に立ち向かう

2学期がはじまる9月1日。

教室に入ると、枕投げならぬ給食袋投げをしながら、

「あいつ辞めたんだってー」

「根性ねーよなー」

などと生徒が騒いでいました。

長い2学期、これからのことを考えると気が重くなるようなスタートでしたが、どうにかするしかありません。早速、緊急保護者会を開き、学級の現状を伝え、混乱している子どもたちに、健全な教育をしたいことを力説しました。そのために学校でできること、家庭に協力して欲しいこと、担任として努力することを話しました。そして何よりも、このクラスの担任になれたことに感謝し、うれしく思っていることを伝えました。このとき、本当に心からそう思えたのです。

そして、自分が中学生だった頃をふりかえり、当時の先生がどんなことをしてくれたのか

記憶をたどりました。私の出身中学も荒れていましたし、それしかモデルがなかったからです。そのとき、大好きだった担任の後藤靖男先生が生徒にやってくれたのが「個人ノート」でした。生徒と先生の交換日記のようなものです。とりあえずそんなことしか思いつかず、ひとりひとりと交換日記をすることにしました。

はじめのうちは「特にありません」とか、何も書かない子ばかりでした。たとえ一方通行になっても、私は何かしら書いて渡しました。授業中や部活などで見せる生徒のがんばりや、その日あったほのぼのする出来事など、話題は尽きませんでした。そのうちに生徒たちもぽつりぽつりとなにかしら書いてくれるようになりました。

徐々に書くことに慣れてきたのか、「学校がおもしろくない」「実はいじめられている。学校に行きたくない」など、心の内や、クラスメイトには話せないようなことも書いてくれるようになりました。幼い時に姉を亡くし、そのことで死に対するイメージに苦しんでいるが、親にも言えない、という生徒もいました。

やがて対話ができる関係が築けたころ、学校全体で「生活記録ノート」を取り入れることになったので、このノートは必要なくなりました。

いじめられている、と告白した生徒は小柄な男の子で、とても穏やかな子でした。どうやら強い生徒に使い走りをさせられているようでした。悪いグループに引っ張り込まれて、自分がその連中と一緒にいることがイヤだったが、「イヤだ」とは言えなかったようです。

私はその生徒のご両親と話をし、相手側の生徒のご両親とも話をしました。この地域の大人たちは、わかりやすく言うなら、下町のかあちゃんやおとうちゃんのような人が多く、何事もオープンに話ができる雰囲気がありました。相手側の男子生徒は落ち着きがなく、やんちゃではあったものの、根は素直な子でした。本人には「いじめている」という意識はなく、とうとうと話してもわかってもらえません。そこで、お母さんからも諭してもらいました。男の子5人を育てた肝っ玉母さんのような人でした。その子は末っ子で、上のお兄ちゃんたちもやんちゃで、なにか起こす度、そのお母さんは学校に飛んできて、あやまるということを何度もやっていたため、「またか」というような感じでした。

お母さんは私に「ごめんね先生」と言い、教室でみんなの前であやまりたいと提案されました。教室で生徒に向かって何かを話すのは教員免許を持つ者に限るという決まりがありましたが、結局、校長も同席するというかたちで許可が下りました。

学校で起きたことについては、日ごろから保護者と連絡を取り合っていました。学校での様子が保護者に伝わると、生徒は「なんで親にチクる（告げ口をする）んだよ」とさらに反発してきました。これは、生徒が思っているような、チクるとかチクらないという問題ではありません。保護者と一緒に生徒を育てるには、情報交換できる関係はとても大切なことです。

この件について、その生徒のお父さんは、「わかりました。こいつがそんな馬鹿なことを言うなら、私の方から学校に連絡します」と言ってくださいました。携帯電話などない時代です。会社の休み時間に公衆電話まで行き、約束どおり、毎日欠かさず学校に電話をしてくれました。

もちろん「昔だから」というところもあったと思いますが、あの頃は、地域の大人として、自分の子も他人の子も大事、みんなで地域社会を担っているという感じがありました。いまは、各家庭はそれぞれで、他人のことには干渉せずという方が増えてきているように思います。保護者の方との関係で最も大きく変わったのはそうした部分かもしれません。

この頃の私は何事にも「情熱で勝負」と意気込んでいました。授業を抜け出した生徒がいれば、どこまでもどこまでも追いかけました。いじめをしている生徒とはとことん話し、涙ながらに訴え続けたこともありました。どんなに無様でも本気でぶつかっていきました。どんな生徒も見捨てない、よくないと思ったら誰だろうと注意をする、彼らが抱える悩みや苦しみにも一緒に向き合う、授業を楽しくする工夫を常に考える——何事にもありったけのエネルギーを費やしました。そんな姿を見ていた保護者から「女金八！」と言われるようになりました。あの頃は、中学校の教師像といえば「3年B組金八先生」でしたから。

ちなみに、「金八先生」はその時代その時代で、いま学校でなにがおきているかを正確に取材して取り上げていましたから、とてもリアルでした。

「金八先生」で起きていることは現実に学校でも起きていたことだったので、教師から見ると「あるある」という話ばかりです。そのせいか、このドラマを毎週見ていると言う教師はほとんどいませんでした。私の知る限りでは、ですが。あまりにリアルで、見ていると苦しくなるのです。

クラス替えというリセット

一人ひとりの生徒と教師がつながり、生徒との関係性ができてくると、教室内に〝安心〟の空気ができます。さらに、生徒たちが本音と本音の交流ができるようになると、教室内に〝安全〟の空気ができます。つまり、「教師がつながり、教師がつなげる」ことで、居心地がよくなり、教育的効果のある集団へと育っていきます。

生徒は出会って2ヶ月の間に、教師に対してレッテルを貼ります。

教師の難しさは、生徒の主観で比べられてしまうということが挙げられます。その「目」は生徒の数だけあります。人気のある先生、ない先生、にはじまり、この先生の言うことは素直に聞けるけど、あの先生の言うことはたとえ正しくても聞きたくない、ということが出てきます。そして、それが教師としての評価につながってしまうのです。

それは大人の目から見て、能力が高いとか、人としてどんなに素敵な人とかでも、子どもたちのフィルターを通して見たときには、まったく別の評価になってしまうことがあるわけです。あの先生のときはうまくいくけど、自分のときはうまくいかない、ということがあると、実際に批判をされているわけではなくとも、自尊感情が低くなり、それを維持しようとするがため、〝生徒が悪い〟と他責的な態度をとってしまう先生もいます。こんなとき、うまい先生は、生徒の反応を見ながら自分の行動を変えるのですが……。

教師の他責的な態度を生徒は敏感に感じ取ります。そしてそれが生徒たちの不満や不安を助長し、問題行動を起こす引き金になってしまいます。負のスパイラルの始まりです。

教師の中には、授業がはじまるとすぐにプリントを配り、「これやっておいて」と言って教室を出て自席で煙草を吸って授業の終了間際になって答え合わせだけやりに戻るような、とても授業とはいえないことをやっている人もいました。頭ごなしにどなり、生徒の心に寄り添うことなど皆無の先生もいます。こうした教師と1年間過ごした生徒は大人への不信感をもったまま次の学年にあがることになります。

人間関係において相性というものが多少なりともあるのは仕方のないことではあります。だからといって、すぐに担任を変えたり、教科担当者を変えたりすることはできません。しかし、学年に複数のクラスがある場合は、うまくいっているクラスでも、うまくいっていないクラスでも、多くの場合、年度末にクラス替えがあります。

学級崩壊したクラスにとって「クラス替え」は人間関係や環境のリセットができます。しかし、すべての生徒にとっていいとは限りません。このクラスだからがんばって学校に来ている生徒もいれば、人間関係に苦しみ不登校寸前の生徒もいるということです。

私が赴任したこの中学では、このリセットによって学級崩壊が起きていた部分が大きかったのではないかと思います。とにかくニュースになるくらい荒れていた学校ですから、一部の生徒と教師の関係をリセットし、教師を他学年に配属すれば、状況は落ち着くと思ったのかもしれませんが、その他大勢のうまくいっていた生徒と教師の関係までリセットされてしまいました。

やんちゃな子の多くは愛着形成が難しく、人間関係を構築するのに必要な時間が人一倍かかります。それこそ、じっくりと向き合うべきときに、荒れているからと安易にリセットをかけてしまうと、彼らは落ち着くこともできず、不安はさらに増大します。

ある荒れた学年では次年度にすべての担任が入れ替わるということもありました。そして、すべて新任の先生に任せてしまったのです。こうなると、生徒たちは「見捨てられた」と思うようになり、ますます荒れます。突然受け持たされた先生からすると「荒れたクラスを押しつけられた」「自分たちの責任ではない」という気持ちから、前向きに学級経営をする気持ちが損なわれます。実際、上から押さえつけようとする先生、それに対しさらに反発する生徒、という完全な負の連鎖です。なんとか卒業はしたものの、その学年では「お礼参り」のようなことまで起きてしまいました。

このような状況にまでなってしまうと、教師ひとりの頑張りなどでは挽回することは困難です。学校運営に携わる管理職、現場の教師同士が連携するなどして、問題把握とその（押さえつけではない）対策を講じていくことが必要不可欠なのです。

以前、私はＮＨＫの「プロフェッショナル　仕事の流儀」という番組で取材を受けました。番組のコンセプトとしては、ひとりのプロフェッショナルに焦点を当て、紹介する番組ですが、私がお願いし続けたのは「教師はひとりで何かをしているわけではなく、チームで、学年や、学校でやっているところがすごいことなので、私ひとりに焦点を当てないでください」ということでした。

教師ひとりでできることには限界があります。バタフライ効果のように、最初のささやかなウェーブがやがて大きなウェーブになるには、信頼できる仲間が必要なのです。誰かひとりのヒーローが学校を変えるわけではありません。長い教師生活でこれだけは断言できます。

かかわればかかわるほど変わっていく

はじめて担任として受け持った「学級崩壊」したクラスは、思い出深いエピソードがたくさんあります。なかでも忘れられないのが運動会。イベントとなると一気に盛り上がり、いままでに見たことのない生徒の一面を知ることができる絶好のチャンスです。

この学校のクラス全員リレーでは、最後の半周を担任が走るのが恒例になっていました。

学年5クラスの担任のうち、陸上部出身は男性教師2人と私の3人。「10m差をつけてバトンを渡してくれたら、たとえ相手が元陸上部の男性教員でも抜かれずにゴールする！」と宣言したところ、生徒は、走る順番やバトンゾーンのどこで受け渡すかなど、彼らなりに作戦を練ってくれました。そして運動会当日、約束どおり彼らは10m以上の差をつけ、トップでバトンをつないでくれました。私も宣言どおり抜かれずにゴール！見事優勝しました。

閉会式後、私のもとにクラスの生徒がいっせいに駆け寄ってきたかと思うと、突然、体が宙を舞いました。胴上げです！　生まれて初めての胴上げです。1回、2回、3回……空が近くに見えました。

生徒が変わっていく、クラスが変わっていく、見えない絆《きずな》ができるとクラスに一体感が生まれる。まさに教師冥利《みょうり》に尽きる瞬間でした。

このような感動を一度でも味わってしまったら、誰でも教師はやめられなくなるでしょう。

2年生に持ち上がるとき、学級増に伴って教室が足らなくなり、しばらく使われていなかった元教室である「倉庫」を使うことになりました。開かずの間と化していた倉庫のドアを開けてびっくり。部屋中に飛び散った何色もの数え切れないほどのペンキの跡は、黒板から窓ガラスを通って天井へと伸びていました。どうやれば、こんな光景になるのだろうと不思議にさえ思えるような異様な光景。

春休み中に元のクラスの生徒に声をかけ、リフォームすることにしました。保護者の中には内装やペンキ塗りのプロの方もいて、一緒に手伝ってくださいました。こんなスタートでしたから、持ち上がった2年生は生徒も教師集団も保護者も不思議な絆で結ばれていました。

クラス替えによりメンバーは替わりましたが、生徒たちは一気に学校を建て直そう！と立ち上がりました。まずは、「生徒会乗っ取り作戦」です。生徒会の役員はもちろん、専門委員長もうちのクラスの生徒が立候補し〝荒れた学校から活気のある学校へ〟をスローガンに燃えはじめました。少しずつですが、学校全体が変わりはじめたのです。かかわればかかわるほど変わっていく生徒に、われわれ教師集団もますますのめり込みました。これほどのやりがいを感じたことはなかったと思えるほど、とても濃い時間でした。学校は管理職ではなく「現場の最前線にいるわれわれ教員で変える」と意気込んでいたのもこの時代でした。

人生最後の先生

クラス替えは生徒にとっても教師にとってもパワーのいることです。4月にスタートしたら、途中でうまくいかなくなったからといって、再度クラス替えをするわけにはいきません。だから慎重に慎重に行います。とくに手のかかりそうなやんちゃな子は、できる限り持ち上がる（引き続き担任になる）ようにします。やんちゃな子がいると、学級経営は確かに大変です。でも、担任がかわってしまったら、元の担任に見捨てられたと思ってしまうかもしれません。だから進級の際にはできる限り、持ち上がることにしていました。

彼らは近隣の中学校の生徒とよくケンカもしていました。ケンカする場所は本当に漫画みたいな話ですが「河原の土手」と決まっていました。ケンカのあとは歯が折れただの口の中が切れただの……といった怪我《けが》をして帰ってくることもままありました。負けた学校は傘下に入れられカンパという名のもとにお金を要求されるのです。このようなことが日常的にあったという時期もありました。

教師の勘は鋭く「今日はなにかあるな」というのは、雰囲気でだいたいわかります。彼らは事前にモップやほうきの柄をはずし、掃除道具入れに隠しておきます。放課後になるとそれを携え、学校から土手まで、商店街をねり歩きます。モップやほうきの柄を地面に当て、わざと大きな音を立ててゆっくりと歩くのです。大きな音を立てるのには理由があります。今日の相手はどうやら自分たちより強そうなので、「止めて欲しいオーラ」をこれでもかと出しているのです。

学力優秀なのにあえて先生を困らせる生徒もいました。テストの解答は全問正解なのに、わざと名前を書かずに提出し、先生の出方をみるとか……。「できるものなら0点にしてみろ！」ってことです。もちろん、それぞれの解答には丸をつけ、点数は0点をつけて返しました。

「ふーん、ほんとに0点になるんだ……」

「私にはこれがあなたのテスト用紙だとわかるけれど、受験でやったらアウトでしょ」

この子もかまってほしくていろんなことで反発する子でしたから、内申点がとても悪かったのですが、学力テストだけで高校進学しました。20歳すぎてからは私に連絡してくるようになり、中学生時代を思い出しながら、いま、どんなことを考え今後どんな生き方をしたいかなど、たくさん話を聞かせてくれました。

この区では、「連合陸上」という区内の中学校がすべて集まって競い合う陸上大会を国立競技場で行っていました。荒れている学校だったので他校とのトラブルのことを考えると、選手のみの参加という選択肢もあったのですが、職員会議の結果、全員連れていくことになりました。

応援団席は観客席のいちばん前。当たり前ですが、どこからでも見えるとても目立つ席です。当時の応援団といえば、リーゼントに龍の刺繍《ししゅう》が入った洋ラン、短ラン、長ランが典型的ないでたちでした。それらはすべて禁止、鳴り物も禁止という主催者側の条件を彼らに伝えたものの、当日、守れるかどうかは難しいところでした。「おやじの会」（構成員は保護者のお父さんたち）からは、「万が一、なにか問題を起こしたらすぐに連れて帰るので、参加だけはさせてあげませんか」という心強い言葉をいただきました。

なぜ、先生たちは生徒を信じないのだろう？　どんな生徒でも、人から信頼されれば自分の行動に責任をもつことの大切さを実感するのではないだろうか？　などなど、頭の中はモヤモヤとしていました。教育は生徒と先生の信頼関係があってこそ成り立つと信じていました。

でも、ことはそんなに簡単なものではありませんでした。当日、数人の応援団員が隠し持っていたスプレーを取り出し、その場で髪の毛を染めはじめたのです。すぐさま「おやじの会」のメンバーが駆けつけ、問答無用でその子たちを連れ帰ろうとしました。彼らが参加するうえでの、生徒とおやじの会、おやじの会と教師、生徒と教師の約束だったからです。

「おやじ」たちは力持ちでした。まるでお神輿《みこし》を担ぐかのごとく、ひとりの生徒に対し3人がかりで担ぎ上げ、会場から連れ出そうとしました。「おろせー」と暴れるも、屈強な男性教師も手を貸しました。確かにそういう約束でしたが、あまりの光景にいてもたってもいられなくなりました。そんな姿を大勢の生徒たちの目にさらされる彼らがかわいそうになりました。

混乱する中「おろしてください、お願いです。大丈夫、話せばわかる子たちですから」と私は言い続けました。そのうち、ひとりの生徒が「いいよ、先生、わかったから」と言い、すーっと全身の力が抜けたように見えました。

その後、その生徒たちを競技場裏の隅に連れていき、静かに話を聞くことができました。

「なんでこんなことしたの？」

「応援したかったから」

「そんなやり方じゃなくてもできるでしょ」

「だってみんながんばってるから、俺たちも……」

「気持ちはわかるけど……、方法がまずかったね。ルールはルールだから、帰らなきゃいけなくなっちゃったね。応援の準備もたくさんしてきたんでしょ。3年生だからこれが最後だったんだよ。ばかだねー。いま、どんな気持ち？」

「……くやしい」

彼らは一足先におやじの会の方たちに引率してもらい、自宅待機となりました。

私も学校に戻って、すぐに自宅待機組の家庭訪問したところ、どの生徒もみんなおとなしくしていて、本当に気落ちしているようでした。応援したかったという気持ちに嘘はなかったのです。

中学卒業後、就職する生徒も少なからずいました。

結婚式の招待状がいちばん多く届くのもこの当時の卒業生です。

「高校に行っていないので、鹿嶋先生は僕にとって人生最後の先生」

と言って、主賓で招待してくれたこともありました。

この学校には11年間在職しました。その後も手強いクラスはありました。でも「学級崩壊」からはじまったこの学年の生徒たちと一緒に過ごせた2年半は、私自身にとっても特別な時間でした。

教育研究に専念

次の異動先は、各学年3クラスという中規模の学校で、繁華街の近くにあるわりには派手さはなく、生徒や保護者はどことなく品がありました。校則も緩やかで、しっとりと落ち着いて授業のできる雰囲気でした。ここではＴＴ加配といって、教科の授業を2人で担当する制度での異動でした。通勤時間はものすごく増えたのですが、授業時間も少なく、前任校と比べてあまりのギャップにとまどいました。気が抜けたような、張り合いがないような、もの足りなさを感じました。

不思議なもので、前任校であれだけ生活指導で苦労したのに、生徒たちと本音でぶつかり合うあの感覚が懐かしくてたまりません。しかし、これもまた不思議なことですが、慣れてくるにしたがい、生徒がかわいくて、気づくと楽しくてたまらなくなります。

ちなみにこの学校では一部の生徒から「女ＧＴＯ」と言われるようになりました。「金八先生」とちがってフィクションの度合いがかなり高い教師像で、現実の私とは似ても似つかないのですが、きっと金八先生とＧＴＯとの共通点は、〝どんな生徒も見捨てない〟ということだと思いました。

ここでは、陶芸部の顧問になりました。区立の中学校には珍しく陶芸小屋があり、退職された先生が陶芸を教えに来てくださっていました。放課後、生徒と一緒に土を練りながらおしゃべりをすることが楽しくなりました。窯に火を入れるときは、主事さんも協力してくれるので、主事室にもよく顔を出すようになりました。そのうち、勤務時間が終わると主事さんと一緒に料理を作ったり、絵手紙を習ったりもしました。

時間的にも精神的にもゆとりが出てきました。自分の人生において「すべての出来事には意味がある」といいますが、私がこの学校に赴任したことにも意味があったのです。それは、共通の恩師をもつ2人の教師との出会いです。

私たち3人の話題はもっぱら共通の恩師である國分康孝先生のことでした。國分先生は1974～75年に米国で構成的グループ・エンカウンター(Structured Group Encounter)を研究し、帰国後、東京都八王子市にある大学セミナーハウスにおいて実践をしながら、日本における構成的グループ・エンカウンターを開発された先駆者です。これはグループでエクササイズとよばれる活動を行い、感じたこと、気づきをお互いに共有（シェアリングといいます）するものです。

「エンカウンター」とは「出会い」の意。他者との出会い、自分の知らない自分との出会いのことです。ねらいは「ふれあいと自己発見の促進」にあります。究極的には「自己成長」をねらっています。

赴任して4年目、國分先生のもとに内地留学し、構成的グループ・エンカウンター（以下、本書では「エンカウンター」と省略）を学んだ教師と、大学時代に國分先生のもとで学んできた私ともうひとりの教師の3人で、同じ学年を組むことになりました。

時間的にも精神的にもゆとりがあるいまだからこそ、教師としてのスキルアップをしたいと考えていた私にとって、とても魅力的な仲間との出会いです。

まずは、中学1年生から3年生までのエンカウンターを活用した学級づくりプログラムをつくることにしました。いまでこそエンカウンターを活用している学校は全国に広がっていますが、この学校での試みは、新潟市立鳥屋野《とやの》中学校に次いで2番目だと聞いています。

エンカウンターの具体的な内容についてはのちほど詳述しますが、実際に学級に取り入れていくことで、生徒一人ひとりが自己成長し、クラス内の人間関係や教師との関係はもちろん、キャリア形成への意識や学力など、さまざまな面でプラスの変化がみられました。

この学校には都合6年間勤務しました。とても落ち着いた雰囲気のなか、教師としての技を学ぶことに専念できたのは幸運でした。もしも、この充実した学びの時期がなかったら、私の教師人生は大きく変わっていたかもしれません。

教師生活最大のピンチ

次の異動先は、学年6学級もある大規模校でした。40歳を超えた私は、どの学年でも、どの分掌でも、人事に対しては希望など言わず、ドーンと構えて格好良く、「校長一任」と心に決めていました。ところが実際には、はじめから希望を聞かれることもなく、私の所属することになった2学年の担任は、持ち上がりがたったのひとりという、普通ではありえない人事でした。

学年主任の荒川先生（仮名）は、体育の男性教師で、前年は3年生を担任していました。そして唯一持ち上がった足立先生（仮名）も体育の男性教師、あとは私と一緒に異動してきたベテランの男性教師2名と女性教師1名という構成でした。

生徒たちは、実は小学校高学年のときにすでに学級崩壊を起こしていました。中学になってさらに荒れ、1年のときの担任の先生はというと、3名が異動され、2名はまだ若かったのですが退職されました。

ただ、学校全体が荒れていたわけではなく、この2年生だけが特別だったのです。こうした状況から、校長は担任をがらりと変え、クラス替えも行いました。前代未聞の人事です。これでは、生徒との関係性をつくりなおす以前に、生徒たちに大きな不信感をあたえてしまいます。学年副主任、進路指導主任、研究推進委員、学級担任、これが私に与えられた役割でした。

始業式の日、事前に聞いていた生徒の様子とはちがい、整然と並び式に臨む姿を見て、ホッとしたことをいまでも覚えています。ところが、いざ教室に入ると、態度は一変します。生徒たちは、口々に暴言を吐いていました。

「誰だよ」

「消えろ」

「うぜ～、帰れ」

最初、誰に向かって言っているのか理解できませんでした。新しい学級では担任の自己紹介から始まります。しかし、誰も聞いていません。その後、なにをどのようにしたのかよく覚えていませんが、とにかく、私にできることは、生徒に向き合いながら誠意をもって話すことしかないと思いました。

翌日の帰りの会のとき、突然、教室の後ろの方で「どーん」という大きな音がしました。見ると、外れるはずのない机の天板が教室の隅っこに落ちていました。誰かが外して投げ飛ばしたようです。


「どうしたの？　大丈夫？　誰も怪我してない？　なにがあったの？」

「しらね～」という生徒、首を横にふる生徒などなど、とにかく誰も知らないと言います。

「いまここにいたよね。誰がやったの？」

「誰もやってないし……」

「勝手に外れて飛んで行くわけないでしょう？　本当は？」

この騒ぎに気づいた隣のクラスの足立先生が教室にきてくれたので事情を話しました。

生徒たちは、誰も見てない、誰もやっていない、誰も知らない、と言っている、と。

「おい、誰がやったんだ」

と、足立先生が言うと、すかさずある生徒が、とてもさわやかに手をあげました。

「はい、ぼくです！」

ショックでした。目の前で起きたこのやり取りは「足立先生は先生として認めるが、お前のことは先生として認めない」と言われているように感じたからです。

彼らは私の過去を知らないのです。私がどんなに生徒が好きで、どんな生徒も最後まで見捨てずに、とことん向き合ってきたかなんて、誰も知らないのです。


日を追うごとに、はじめの意気込みが少しずつしぼんでいくのを感じました。いくら語りかけても生徒の反応は冷たい。これまでは本音でぶつかると、なにかがかえってきたものです。ところが、いまは誰からも相手にされない状態でした。これまで何度となく学級崩壊を立て直してきた経験は、まったく役に立たなかったのです。生徒同士の関係もきわめて希薄に見えました。荒れは荒れでもいままでとはまったく異質だったのです。

〝生徒同士の関係が希薄でも、少しずつ人間関係をつくりあげていけばいい。本音で生徒に語りかけていけば、心の窓はいつかきっとひらく〞と、自分に言い聞かせながら、一歩踏み出そうとするのですが、なかなか手ごわい。この学年の生徒たちは、はじめから心の窓を閉めたうえに、シャッターまで下ろしていたのです。

人は自分にうまくいかないことがあると、他者のせいにする傾向があります。このときの私もそうでした。やってもやってもうまくいかず、辛くて、苦しくて……校長を恨みました。明らかに人事の失敗です。生徒たちは、元の担任に見捨てられた子どもたちだったのです。事実、生徒たちはただひとり持ち上がりである足立先生以外の教師には心を開こうとしませんでした。

ある朝の打ち合わせで、生活指導主任から耳を疑うような報告がありました。

「昨日、2年のあるクラスの給食に下剤を入れているのを目撃したと、生徒からの情報がありました。具合の悪くなった先生はいませんか……」

聞いた瞬間、私の目からポロポロと涙がこぼれました。人として許せない！　さすがに、生徒が信じられなくなりました。生徒を信じられなくなったら教師失格です。

私の隣にいた先生が、昨日から何度もトイレに駆け込み、今朝も学校に来るのがやっとだったと話し始めました。知ったのはだいぶ経ってからなのですが、この先生は異動して数日で頭髪が白くなってしまったそうです。ただ、誰にも言えず髪を染めて学校に来ていたと言います。

あの強健な学年主任の荒川先生も原因不明の腕のしびれにより数日間学校を休みました。

突然アトピー性皮膚炎がおきた先生や精神安定剤を処方してもらいながらどうにか勤務を続けていた先生もいらっしゃいます。私自身も胃潰瘍の疑いありと診断され食欲がなくなった時期もありました。ある朝、校門の前まで来た時、突然、激しい吐き気を覚え、そのまま自宅に戻り、その日は学校を休んでしまいました。こんなことは教師生活においてたった一度、このときだけです。

異動によって2年生を受け持つことになった私たち4人は、これほどまで苦しんでいたことをお互いに知らないままでした。そんなことはおくびにも出せません。もしも辛いとか苦しいとか弱音を吐こうものなら、同僚から「仕事ができない人」というレッテルを貼られるのではないかとおそれていたからです。うまくいっていないのは事実ですが、だからといって「仕事ができない人」とは思われたくなかったのです。だから誰にも弱音が吐けなかったのです。

異動してすぐのころは、朝が来るのが辛くてたまりませんでした。布団のなかでひとしきり泣きました。この時のコツは声をあげて泣くことです。そして、何かを吹っ切るかのようにして家を出て行くのが日課になりました。

給食も喉を通らなくなりました。とにかく生徒と一緒では食事ができなかったのです。気づけば私は教師になってはじめて生徒たちから距離を置くようになっていました。

何年か前に、ある県の校長先生が卒業式に国歌を歌う歌わないで自殺したニュースが流れたとき、「仕事上の悩みで命を捨てるくらいなら、私は仕事を捨てよう」と心に決めていました。

私は、元同僚にいまの状況を話しました。すると「いま、鹿嶋さんがしている経験は、きっと後で役に立つよ」と、あまりうれしくない励ましの言葉をいただきました。また、もうひとりの元同僚には毎日のようにメールで弱音を吐いていました。唯一弱い自分をさらけ出せる相手でした。メールを打ちながら、辛い気持ちを言葉にすると、心がボロボロになっているのがよくわかりました。

この頃、よく自問自答しました。

「人間やめようか。教師やめようか」

「せめて人間としての機能を失わないうちに、退職しよう」

あとはそのタイミングを見極めるだけでした。

親からの手紙

5月。この学校では「移動教室」といって2泊3日の合宿のようなものを行います。学年会で計画を練っていたときのことです。ある先生が「親からの手紙」を提案しました。子どもたちには内緒で親に手紙を書いてもらい、当日、生徒に渡すというものです。彼らにあるのは学校への不信感であり、すべての先生や大人に対して信用できないというわけではありません。もちろん、反抗期の生徒もいますから、家に帰れば母親に向かって「うるせーばばあ!」と言うような生徒もいたのでしょうが、それはこの年ごろにはありがちなことです。むしろ親とのコミュニケーションがうまくとれていないこの時期に、親がどんな思いで毎日、家から送り出しているのかとか、見守ってくれているのかなどを知ることは必要なことです。

2日目の夜、ちょっと家が恋しくなった頃に行うと、彼らの心の深い部分に届きやすくなるでしょう。

私もいいアイディアだと思うと同時に、あることがひらめきました。ただ親からの手紙を読ませるだけではもったいない。この手紙をきっかけに「エンカウンター」を実施することができるのではないかと考えたのです。

エンカウンターは、本来、学級崩壊している集団ではできません。なぜなら、教師のリーダーシップが発揮できる集団でないと、メンバーである生徒がルールを守って活動することは不可能だからです。しかし、「親からの手紙」があればできるかもしれない。親子の関係性があれば、うまく動機づけできるかもしれない、と。

エンカウンターにはたくさんのエクササイズがありますが、そのうちのひとつとして私がやっていたものに「ミニ内観」というものがありました。「内観」というのは、もともとある仏教宗派の修身法のひとつとして使われていましたが、宗教色をとりのぞき、かたちをかえて広く使われるようになった心理療法のひとつです。人間関係を解決する目的や、企業の研修、鑑別所や少年院での矯正教育など、あらゆる分野で活用されています。

具体的には、自分の小さかったころを思い出し、親（身近な人）に、

1. してもらったこと
2. して返したこと

3．迷惑かけたこと

これら3つのことに焦点を当てて思い返しながら、内省していくのが特徴的です。内省することで、いままで意識されていなかった自分の罪深さや相手への感謝の気持ちなどに気づいていきます。そうした感情をクローズアップしていくと、心の根っこの部分に親への感謝が刻みこまれていきます。

思春期真っ只中の中学生にとって、大人に負けたくない気持ちや、将来と向き合う不安や自信のなさなど、自立への不安はつきものです。多かれ少なかれ、このような反抗期は誰でも通るものです。ただし、軸足をつくっておかないと、行動ばかりが暴走し、自分の心が迷子になってしまうことがあります。そうなると、行動と感情がアンバランスになり自分でもコントロールできなくなります。

一度でも「ミニ内観」を経験していると、口では母親のことを「ばばぁ〜」と反抗しつつも、心の奥にある「親への感謝」の気持ちは決して揺らぐことはありません。ぶれない軸があれば、きちっと乗り越え、また戻ってこられます。いままでは、なるべく早い時期に、このミニ内観を行っていました。

前任校で実践を積み重ねてきたエンカウンターですが、荒れている学校ではそもそも行うことができません。先にも述べたように、一定の関係性がないと実施することは不可能だからです。

しかし、教師の言うことはきかなくても、親の言うことならきくかもしれません。親からの愛情あふれる手紙を読んだ後であれば、心のシャッターを上げ心の窓を開いてくれるかもしれません。私との信頼関係を築くことができなくても、なんとか生徒同士のコミュニケーションのきっかけにならないだろうか……。

「保護者の力を借りよう！」

私にとってこれは賭けでした。

しかし、学年会で「ミニ内観」を提案したところ、先生方からは疑問の声が上がりました。先述の通り、鑑別所や少年院で実施されているものでしたから、そのイメージをもって「いくら荒れているとはいえ、ここは鑑別所でも少年院でもないから、そこまでする必要はない」ということでした。

この学校でエンカウンターのことを知っている教師はひとりもいません。私はあきらめませんでした。「本当の内観とは何か」についてプレゼンし、先生方に理解を求めました。

その結果、これ以上、状況が悪くなることはないので、やれそうなことはとにかく何でもやってみよう！ということになりました。

ミニ内観の当日、まず、ひとりの先生が自身で内観をしたこと、つまり自分の小さかったころ親に「してもらったこと」「して返したこと」「迷惑をかけたこと」について丁寧に語ります。モデリングです。生徒はそれを静かに聴いています。聴きながら目に涙を浮かべる生徒もいます。

その後、私から生徒へ、

「実は、皆さんにプレゼントがあります」

「えぇ～！やったぁ～」「なになに？」

「このプレゼントは、お金では買えないものです」

「そんなもの、いらねぇ～」

「私はこの歳になるまで、一度ももらったことがありませんし、残念ですがこれから先ももらうことはできないものです」

「なに？」

「『親からの手紙』です。私の父はすでに他界してしまったので、どんなにほしくてもその願いは叶いません」

会場はし～んと静まりかえり、それまでの空気が一変しました。

彼らは、各自の担任の前に集まり、親からの手紙を受け取りました。

一人ひとり、壁に向かって座り、静かに読み始めました。すると、あちらこちらからすすりなく声が聞こえてきました。じっと涙をこらえている子もいます。そこには、教師を拒否し続け受け入れようとしなかった生徒の姿はありませんでした。親に愛され大切に育てられたなんとも穏やかな生徒の姿がありました。

いつの間にか、お互いに手紙を見せ合いながら話しはじめています。自然なシェアリング（分かち合い）が始まったのです。これは、心が揺さぶられると、自然と出てくる行動のひとつです。〝いまここで〟の気持ちを誰かに話したくなるのです。

これまで斜に構えていた生徒の一人が私のところに来て、突然、「読んで！」と、親からの手紙を差し出しました。

「こんな大切な手紙、私が読んでもいいの？」

「いいから読んで！」

彼はきっと〝誰か〟と感情を共にしたかったのです。そして、その〝誰か〟として私を選んでくれたのです。本当にうれしかった。

「読ませてもらうね」

その手紙には、小さかったころの愛おしくて愛おしくてたまらない様子がこと細かに書いてありました。そして、いま、反抗期のわが子に対しても変わらぬ思いがあることがびっしりと書かれていました。

「素敵なお母さんだねぇ〜」

「うん！　帰ったら、『ただいま』じゃなくて、『ありがとう』って言おうと思う」

と言って、手紙の入っていた封筒にその日の日付を書き込みながら「宝物にするんだ」とうれしそうにつぶやいていました。

ほっと胸をなでおろしました。この学級が仲間同士で共有するはじめての体験です。移動教室最終日、子どもたちが変わっていく不思議な手応えを感じました。

学校に戻ると、またいつもの荒れた教室の様子でした。だけど、明らかに以前と違うのは、荒れたなかにも温かさを感じ、大丈夫、教師を続けられそうだと思えたのです。

生徒たちの心の窓が少しずつ開き始めたようです。

6人の「運命共同体」

それ以来、学活の時間に少しずつエンカウンターを取り入れ始めました。エンカウンターのエクササイズ（活動）の目的は6つ、「自己理解」「他者理解」「感受性」「自己主張」「信頼体験」「役割遂行」です。

はじめからすべてがうまくいったわけではありません。ただ、あの体験をした生徒たちですから、私はできると信じていました。どの課題も「スモールステップ」といって細かい段階をふんでいきます。少しずつ心の窓を開けていき、それぞれが自分の意見をしっかりと主張できるように、また、どんな意見でも受け入れられる雰囲気をつくっていきます。日を追うごとに自分勝手な行動が減ってきました。授業も少しずつですが成り立つようになっていきます。光明が見えてきたような気がしました。

考えてみると、これまでの私は「情熱」だけで勝負してきました。彼らと出会い、それでは通用しないことを実感しました。そしてこのとき、教師としての情熱はもちろん、「技」がなくてはならないことに気づかせてくれたのです。

夏休みのある日、学年主任に、「鹿嶋さんなにか特別なことをしている？」と聞かれました。先述の通り、この学校にはエンカウンターを知っている先生はいませんでした。移動教室のとき「内観」については説明しましたがエンカウンターについては特に言及しませんでした。説明したところで、なにか厄介なことをさせられるんじゃないか、と思われたら元も子もないので。徐々にトゲが取れ、変わっていく生徒の様子を実感したからこその学年主任の言葉でした。あらためてエンカウンターについて説明したところ、

「おもしろいよ。学年で取り組んでみない？」

と言ってくれました。

そして、実践するには、子どもたちにやる前に、まず自分たちでやってみよう、ということになりました。こういうところがすごいと思いました。

部活も終わり、残務処理や明日の準備などが一通り終わった夜の8時頃、学年の先生、担任、副担任あわせて13人が集まり、エンカウンターをしました。これは私たちにとってもとてもいい経験になりました。

学級崩壊に対するストレス、それをなんとかしなければという焦り、そんな中でもがんばっている生徒の期待にこたえなければというプレッシャー、組織内の評価……なにしろ、

教師同士、異様な身体的不調を隠してまで、他人に弱音を見せることはできなかったのですから。自己開示するのにエンカウンターはうってつけでした。

こうして夜な夜な集まりながら私たちはしだいに本音を言えるようになっていきました。学年主任の荒川先生は豪快な方でした。窮地に追い込まれた状況でも、笑い声とお酒とカラオケで吹き飛ばす力を持っていました。学年の朝の打ち合わせも、職員打ち合わせの10分前に始めるようにしました。学年会ではいつも目の前の生徒に何が必要で、私たちに何ができるか、みんなで考えました。

「これ以上悪くはならない」

これが私たちの合い言葉でした。

お酒もよく飲みに行くようになりました。1次会、2次会、3次会と、会が進めば進むほど最後に残るのはクラス担任の6人でした。真夜中の3時、あと数時間でふたたび学校で顔を合わせるのに、なぜか離れることができなかったのです。ひとりになる不安に耐えられなかったのです。私たちは自らを「運命共同体」と呼ぶようになりました。

「この学年でやっていくには、われわれのうち誰かひとりでも欠けたら無理だ」

「よし、誰かひとりが休むときは全員で休もう！」

自分ひとりが苦しいのではない、と思えるようになりました。

この学年の先生方は、何がおかしくて笑っていたのか思い出せないのですが、朝からいつも大声で笑っていました。辛くなればなるほど、泣きそうになればなるほど、大きな声で笑っていました。


エンカウンターのほうは、それぞれコツがつかめ、学活で実践し、少しずつ取り入れていきました。

先生方とはじめにやったのは「権利の熱気球」というものでした。これは、

「あなた方はいま、大切な10個の荷物と一緒に熱気球に乗っています。ところがどうしたことか、突然、熱気球が落下しはじめました。さあ、大変。このままでは、熱気球が落下して、地面に衝突してしまいます。あなたにとってはどれも大切な荷物ですが、それを捨てれば助かります。10個の荷物とは、10個の『権利』です。あなたはどの権利から捨てますか？　まずは自分で考え、次に班で話し合って意見を1つにまとめてください」

というものです。

権利というのは「自分だけの部屋をもつ権利」「きれいな空気を吸う権利」「正直な意見

が言え、それを聞いてもらえる権利」「いじめられたり、命令、服従を強制されない権利」などです。班で話し合うときは多数決にしないこと、少数意見も尊重して、なぜそれを選んだのか、その理由を聞くことがルールです。

権利というのは主張がしやすいテーマです。このとき、生徒たちから絶対逆らえないと思われている荒川先生が、

「食べ物がなくちゃ生きていけないから、『食べ物ときれいな水を与えられる権利』だよな！」

と言うと、ある生徒が、

「先生、ちがいます。『愛し愛される権利』です」

と言ったそうです。荒川先生は「生徒にはじめて反論された」と驚きながらも、とてもうれしそうでした。もちろん、正解があるわけではありません。自分と異なる意見があることを知ること、自己主張すること、そしてコミュニケーションを深めながら合意形成することが目的なのです。

「先生、うれしい？」

ちょうどその頃、他区の教育委員会から電話がありました。

「先生が以前、前任校でエンカウンターを取り入れてやっていたというお話を聞いたのですが、ぜひ見学させてください」

という依頼でした。正直困りました。前任校はとても落ち着いた学校でしたが、いまはよりによって学校でいちばん荒れている学年です。こちらもまだ手探りでしたし、とても見せられるような状態ではありません。管理職に相談したところ、教頭は「鹿嶋先生、いつならできそうですか？」と、思いもよらない質問をされました。

「いつまでなんて約束できません。こんな状態だから」

「でも、いつまでと決めてそこを目指すことで、きっと変化は起こると思いますよ」

この言葉に少しハッとさせられました。そうかもしれない、と思う自分がいたのです。

「では、いつごろが可能かは学年で相談してみます」

荒川先生に相談したところ、さすが荒川先生、さらに大きな話にふくれあがります。

「確かにこれを機に変えられるかもしれないね。せっかくだから、鹿嶋先生のクラスだけじゃなく、2年生ぜんぶのクラスでやりたいよね！」

こうして夏休みの間に、2学期に向けて準備が始まりました。目標をいつにするか。

「じゃあ、今年は平成11年だから、11月11日11時からにしようよ！」

「いいね1はスタートの数字だからいいねぇ～」

と、よくわからない理由ですが、〝やる気〟だけは満ち溢れていたのです。

2学期になって、それぞれのクラスでは順調にエンカウンターの成果があらわれるようになっていきました。生徒も教師も苦しみは同じだったのです。私たちには身体症状としてあらわれたけれど、彼らは私たちを拒絶することで表現していたのでしょう。そして、生徒たちにもゴールを示すため、新たなスタートにすべく11月11日のことを伝えました。

「みんなさんはすごいよね。他の区の教育委員会の人たちがこのクラスでやっていることを勉強しにくるんだよ」

荒れていること以外の理由で外部の人が視察にくることは初めてでした。この誇らしい事実に子どもたちも喜んでいました。視察当日は大成功。もうその頃にはまったく別のクラスと言っていいほどになっていました。

彼らとのはじめての運動会。2人3脚ならぬ38人39脚では、生徒といっしょに、来る日も来る日も朝練をしました。男女のジョイント部分に担任が入ります。右側は、私に反発し続けていたいちばんのやんちゃ君と肩を組みます。本番前の予行演習、倒れ込むように1位でゴール。そのやんちゃ君がかけ寄り、私の顔を覗き込みながら言いました。

「先生、うれしい？　ねぇ、ねぇ、うれしい？」

――もちろん、うれしい。私はそう叫びながら涙がこぼれてきました。1着でゴールしたことがうれしかったのではありません。その子が、私を喜ばそうとしてくれていたこと、その子と感動を共有できたことが、うれしかったのです。

私の心の中にあった〝退職〟の二文字は、すっかり消えていました。

教師は主役じゃない

はじめ私は、生徒が荒れると自分たち教師が被害者だと思い込んでいました。生徒の気持ちに気づかなかったのです。本当の被害者は、クラスを、仲間を、先生を、信じられないという苦しみを抱えていた生徒たちのほうだったのです。そして、その苦しみを乗り越え、成長したのもまた生徒たち自身の力です。エンカウンターはそのきっかけにすぎません。

人事に失敗し、目の前の生徒やわれわれ職員ではなく、地域の評判をいちばん大切にしていた校長も退職し、新しい校長を迎えました。新校長は目の前の生徒や職員をいちばんに考えてくださいました。管理職が替わったことで、体裁をつくろってばかりの学校から、文字どおりガラス張りの学校へと変わっていきました。校内人事も3年担任には、2年時の担任が全員持ち上がりとなりました。クラス替えを前に生徒たちは、

「この6人の先生たちなら、どの先生が担任でもいいなぁ～」

と言ってくれました。私たち6人にとって最高の褒め言葉です。彼らはわれわれ6人を担任として認めたのです。

もちろん、彼らの卒業式は思い出が多かったぶん、最高だったことは言うまでもありません。

「運命共同体」の6人は、その後、この学校で5年間変わらないメンバー構成で学年を受け持たせてもらえました。5年も同じメンバーで学年を組めるケースは稀なことです。

「あの学年の6人の担任は解体させてはならない」

というのが、前校長からの申し送りだったと、ずいぶん後になって知らされました。私たち運命共同体がここに存在したことの証しとして、1冊の著書に全員が執筆するなど、本当にチームとして濃密な時間を過ごしたかけがえのない仲間です。

NHK「プロフェッショナル　仕事の流儀」という番組で取り上げられたのはこの学校に赴任して5年目のときです。およそ2ヶ月もの間、クラスに密着したドキュメントです。エンカウンターは前任の学校ではじめたことですが、その時は立ち上げたばかりで実践するためのノウハウを数年かけて蓄積していたという側面がありました。学校が落ち着いていたぶん、充分な研究もできたし、「いつでも、どこでも、誰でもできる」ツールだと自負していました。しかし、先述の通り、この学校でははじめはとてもできる状況ではありませんでした。だからこそより実践的に取り組めたと思います。

これほどに生徒たちが変わったという経験はほかにありませんでした。初めての奇跡とでも言うのでしょうか。単に落ち着いた学級、学年ではなく、互いに本音が語り合え、認め合い高め合える学級集団へと成長したからこそ、人間関係がよくなったり、学力も区内だけではなく都内でもトップクラスになったりと、大きな成果がもたらされました。

生徒の成長は教師にとって最大の喜びなのです。

番組で取り上げられた時の前年度、私は筑波大学大学院に在籍して修士論文を書いていたためお産以来の副担任でした。つまり、3年ではじめて担任として受け持つ生徒たちのいるクラスでした。また、受験を控えた3学期の大事な時期でしたので、取材はもう少し後にしてほしいとお願いしたのですが、どうしてもと押し切られ取材を受けることになりました。そこで、取材を受けるにあたり、生徒たちには、

「カメラがあろうとなかろうと、私は私。ほめるときはほめるし（本当は「承認」ですが生徒にわかるようにここでは「ほめる」と言いました）、注意するときは注意します。カメラを向けられたからといって、急に優しくなるということはありません。普段どおり、いつもと変わりません。だから、みんなも極力普段通りの生活をしましょうね。それでも、カメラが回っていて、辛くなるようなことがあったらいつでも遠慮なく言ってね」

と話しました。

この頃には全体的にいい雰囲気の学校になっていました。それでも、受験が近づくと生徒たちは不安に押しつぶされそうになります。すでに何度か述べていますが、問題行動の多くは「不安」という苦しさからあらわれはじめます。受験が本格化し、早々に合格した

子、まず大丈夫だろうと言われていた子が不合格になったことなどがクラスで話題になり始めると、むやみに騒ぐ生徒が増えてきました。落ち着きなくうろうろしたり、くだらないことを言ってはしゃいでみたり、大声で騒いだり……。すべては不安をまぎらわそうとする行動です。

受験という大きな壁に押しつぶされそうになっているのは、自分だけではない。苦しくて、辛くて、イライラしたり、急に悲しくなったり、気持ちが不安定になっているのは、自分だけではない。仲間もみな同じように苦しくて、辛くて、すごく不安だということを知ってほしい。ひとりでは耐えられないことでも、仲間がいれば耐えられることを実感してほしい。いまこそ、仲間のエネルギーをもらいながら乗り越えてほしい。そんな願いを込めてエンカウンターをすることにしました。

「坊主めくりトーキング」——名刺大の画用紙を1人3枚配り、そこに「いま自分が気になっていること」「友達に聞いてみたいこと」を書いてもらいました。それを集めて机の真ん中に置き、坊主めくりをする要領で、1枚ずつめくってそこに書かれているテーマについて、自分の思いや考えを話していきます。その後、活動を通して感じたことや気づいたことについて話します。

究極のエンカウンターは、言葉を介さない非言語によるものです。いまならできる！　この学級集団ならきっとできると思い、言葉ではなく握り合う手で相手に気持ちを伝え合う活動をしました。いまの気持ちを言葉にしてしまうと、とても薄っぺらになってしまいそうだったので。仲間へのエール。「がんばってほしい」「合格してほしい」という万感の思いを握手に込めて。握手をした数だけ仲間からエネルギーをもらえるのです。

なにも言わずぎゅっと手を握られた瞬間、泣きだす子もいました。人は受け取りたい心の声だけ受け取るのです。人に言われるのではなく、自分にとっていちばんほしかった仲間からのエールである心の声を、握った手のぬくもりから自分で創造するのです。最後はクラス全員で手を握って輪になり、仲間からもらったエネルギーを握りしめた手で送り合いながら、輪の中心に大きな大きな〝元気玉〟を創りました。力いっぱい握りしめた瞬間、私たちには確かに〝元気玉〟が見えました。

この活動を通して、仲間がいる心強さ、仲間から勇気をもらい乗り越えることができることを知ってもらいたかったのです。私はきっかけをつくることはできますが、そこから先、彼らが成長するためには生徒同士がつながりささえ合うことが必要なのです。

学級集団が成長すると、私が何か言う前に生徒自ら行動できるようになります。クラスで起きた問題も自分たちで解決できるようになります。教師がヒーローになってはいけないのです。生徒一人ひとりが真に主役になること、それが目指すべき学級経営だと思っています。

エンカウンターさえやればいいクラスができるというわけではありません。「エンカウンターは万能ではない」のです。教師がどのような教育観、子ども観をもって生徒と対峙《たいじ》するかが重要なのだと思います。スキルは必要ですが、それに頼りすぎてもいけません。生徒と向き合うことにマニュアルはありませんから。

発達課題のある生徒たち

障害のあるお子さんや発達の様子が気になるお子さんを持つ保護者にとって、小学校や中学校進学の際、お子さんの就学先を選ぶことは、非常に大きな決断になります。通常学級、特別支援学級、支援学校など、どこに行くか、その決断を手助けし導いてくれるのが就学相談です。

就学相談では、教育的観点以外にも、心理学的、医学的見地から、本人や保護者の希望、地域の学校や実情を踏まえて、子どもの就学先の判断がなされます。私たち教師は、その子にとって成長できる環境がいちばんだと考えていますが、保護者がわが子の発達課題を受容できないケースはわりと多くあります。

通常の学級に在籍する発達障害の可能性のある生徒の出現率は、通常、平均で6・5％と言われていますが、つぎに異動した学校には、その4倍以上の出現率の学級がありました。ここまで高い出現率になってしまったのには理由がありました。この区では、学校選択制度といって自分の進学したい中学校を、学区域に関係なく自由に選ぶことができたこと。また、就学相談において、わが子の発達の様子は気になるものの、保護者としては通常学級に通わせたいとの強い希望があった場合、この中学校は「面倒見がいいですよ」と紹介していたのです。実際に、校長の方針としても「丁寧な教育」を掲げていましたので、発達に課題のある子であっても、生き生きと生活し、自分らしさを生かして活躍していました。

入学してくる生徒たちは、小学校時代にいじめにあったり、不登校であったり、なにかしらの事情があって、中学校入学を機に、仕切り直しをして頑張りたいとの思いで、この学校を選んでいたこともわかりました。そのため、出身小学校が同じという生徒は少なく、ほとんどの生徒が、ここではじめて知り合う子たちだったのです。つまり、再スタートを切るにはもってこいの学校ということです。

私はいつも新しい学校に赴任すると、教師力を磨くため、この学校で何を身につけようかと考えます。

この学校に赴任が決まった時、赴任先の校長（実は元同僚です）に誘われ、春休みを利用して、特別支援教育に活用できる「応用行動分析」の集中講義を受講して準備しました。私にとってあらたな学びです。

これまでも発達に課題のある生徒はクラスにわずかながらいました。ただ、これほど多くの生徒がひとつの教室にいるという状況ははじめての経験です。教師から見て「困った子」は、実は「困っている子」なのです。

ある日、「先生、私のバカなおしてよ！」と泣きながら訴えられたことがあります。理科係の仕事を率先して行うほど理科が好きで、日々の宿題は必ずやってくる女子生徒でした。ただ、テストとなるとほとんど点数には結びつきません。その日は、理科の再テストの日だったのですが、受けずに帰ろうとしていました。

「どうしたの？　今日、再テストだよ」

と声をかけたとたん、堰《せき》を切ったように、

「私はバカなの！　バカはどんなにやってもできないものはできないの。だったら先生、私のバカなおしてよ！」

私は返す言葉もなく、泣きじゃくる彼女を抱きしめることしかできませんでした。

この出来事をきっかけに、彼女の話を聞いてみると、実は漢字がほとんど読めていないことがわかったのです。教科書を読むときも漢字を飛ばしてひらがなとカタカナだけを読んでいたというのです。中学1年になるまで、誰にも気づいてもらえず、「ちゃんと読んで」「しっかり読んで」「がんばって読んで」と言われ続けてきたのです。

この「ちゃんと」「しっかり」「がんばって」という言葉かけは、困っている子にとっては、なにをすることが「ちゃんと」なのか、どうすれば「しっかり」やったことなのか、なにをどう「がんばればいいのか」、具体的にわからないのでやりようがないのです。

その後、保護者の方を交えて話したところ、通常30分もあればできる宿題を、彼女は家で2時間以上かけてやっていたことがわかりました。漢字に課題があることがわかったので、お母さんは、教科書に書かれている漢字にふりがなをふってくれることを約束してくれました。そして、週に2回、放課後、絵カードを使った漢字の個別学習も始めることにしました。

こうした生徒に対して「発達障害だからしかたない」と、自己弁護にしてはいけません。その生徒の表面上の困難さに振り回されて、精神的余裕がなくなり悪循環に陥ってしまうことがあります。

こういうときの基本姿勢は「その生徒のうまくいっているところは何か」について把握することです。うまくいっているところは、その生徒への有効な指導の手がかりになります。そして何より、自尊感情を育てることにもつながります。その生徒のできていること、得意なこと、何に興味関心があるかなど、積極的に見つけていくことが大切です。そのためにはまず、その生徒の行動をよく観察すること。できないところに注目するのではなく、できているところやできなかったことができるようになった瞬間、どんな言葉をかけてあげられるかです。大人からの太鼓判は子どもたちに勇気を与えます。

生徒の「できる」を呼び起こす

この学校は都内でも学力が低く、理科の平均の偏差値は42でした。自分でも驚いたのですが、その彼らの平均の偏差値が53にまで上がりました。社会の先生からは、

「すごいねぇ〜！　どんなことをやったんですか？」

と尋ねられました。

実は、これまでのやり方を踏襲していただけなのですが――ひとことで言うと「生徒のレベルに合わせスモールステップで」ということです。

たとえば、小テストだったら、10問くらい出すところを5問にして、問題も少しやさしくして、できるだけ丸をたくさんつけてあげられるようにします。そして、少しずつ時間をかけて難易度を上げていきます。一歩一歩階段をのぼるイメージで。小さな成功の繰り返しが、学ぶことへの自信につながるよう、何度も「できたねぇ〜」とその都度、太鼓判を押していきます。

点数のつけ方も生徒の〝やる気〟が出るように工夫しました。とにかく、彼らには、勉強

したことが結果に結びつくことを実感してほしかったのです。これはテストの問題によって配点をあらかじめ決めないというやり方で、自ら「鹿嶋方式」と名付けた採点方法を実践していました。つまり、問題は同じでも人によって配点が違うということです。

一生懸命やって何問も解ける生徒もいれば、数問しか答えられない生徒もいます。たいてい勉強が苦手な生徒が解ける問題の配点は低いものが多く、結果、点数も低くなります。そこで、問題ごとの配点をやめて、丸の数が最初の10個までが5点、次の10個までが3点と、だんだん丸の数が増えるごとに1問あたりの点数を下げました。

少ししか問題が解けなかった生徒には、できた問題の点数が高く、たくさん解ける生徒には、できなかった問題の点数が低くつけられることになります。誰にとってもお得な採点方法ということです（もちろん観点別導入後はあらかじめ配点を決めましたが）。

すべては、やる気を出してもらうためです。学力の低いクラスでは確実に成績があがりはじめました。できない生徒を教える先生はどうしても「できないこと」に目を向けがちです。みんなできているのに「どうしてできないの？」「なぜわからないの？」と、まるでできない生徒が悪いかのように……。結局、多くの生徒が置いていかれてしまう。先生にもみはなされ、置いていかれると、もうその先はいっさいやる気が出なくなってしまいます。「馬を水辺に連れていくことはできても、水を飲ませることはできない」と言いますが、勉強をやりたくない生徒に勉強をやらせることほど難しいことはありません。なんかおもしろそうだな、やってみようかな、と思えることならば、誰かに言われなくても、きっと自然とやるようになるでしょう。

どうも私は、生徒がわかるまで、自信を持ってできるようになるまで、面倒を見ないと気がすまない性格のようです。なので、小テストでは10点満点中8点で合格。7点以下は再テストをして、合格するまで何度でも行います。7点以下だった生徒は、合格した人の中から教えてほしい人を自分で選びます。選ばれた生徒には「教えることで自分自身の学びにつながるからラッキーと思って教えてあげてね」と言います。

そして、ここがポイントですが、再テストでとった最高得点が記録として残されます。もちろん、何度でもチャレンジOKです。はじめ2点でも最後に10点だったら10点の記録のみ。回数は不問です。1回目で満点とった人も、5回目で満点をとった人も同じ扱いです。これまでのできなかったことは関係ありません。〝できるようになったこと〟が重要なのです。それまでの過程は人それぞれということです。

このようなシステムになっていることは、もちろん生徒たちには説明済みです。すると、慌てたのは8点や9点で合格している生徒たちです。初回で自分より点数が低くて不合格だった生徒たちが、次から次へと10点をとって過去の点数を更新していくからです。ただ合格したからいいのではなく、誰もが満点がとれるまでチャレンジしにくるようになりました。私は一度も「満点とれるまで、がんばれ！」と言ったことはありません。

不合格だった生徒たち全員がやっと合格したので、

「再テストは今日で終わりです」

と言ったところ、満点で合格していない子たちが、

「満点にしたいのでもう一度受けたい」

と言ってきました。こうしたことを繰り返していくうちに学力が着実に伸びていったのです。

理科の次はどの教科が上がると思いますかと、社会の先生から尋ねられたとき、

「社会だと思います。次は国語、あがりにくいのが数学と英語」

と、答えました。私見ですが、数学や英語はタテもヨコも同時に積み上げていく教科で、これまでのことが重要になります。でも理科の場合、物理、化学、生物、地学と分野がわか

れていて、その分野によって得意な分野もあれば不得意な分野もあります。また、社会科の場合も、地理、歴史、公民と分野が分かれているため、理科と同様なことが言えます。国語は日常的に使ってるものなので、他の教科に比べれば馴染《なじ》みやすいものです。ということで、残すところが数学と英語になるわけです。

ところで、この学校ではなぜか理科室が閉鎖されていて、10年以上理科の実験をしていませんでした。薬品や実験器具はあまりに古いため、危なくて使えませんでした。たとえば試験管も古くなると、実験中にガスバーナーの火にかざしただけで、割れてしまうこともあるのです。保管されている薬品もラベルが剥《は》がれていたり、溶けていたりで、中身が特定できないものも複数ありました。閉鎖されていた期間があまりに長かったので、実験台はほこりをかぶっていました。

校長からは、赴任直後、「とりあえず、理科の実験はしなくていい」と言われていました。ですが、理科は実技教科です。実験抜きで理科を教えることはできません。

なんとか理科室が使えるように校長にお願いしたところ、「では、理科室で実験をするために、具体的に何をしてほしい？」と聞かれました。私はすかさず「理科助手を雇ってほしい」と言いました。「なるほど、そういう方法があるんだねぇ～」と言って、さっそく理科助手を2名雇ってくれました。

私が授業中は主に理科助手2名で、放課後は私も加わって、理科室の整備を始めました。実験・観察器具について、まずは使えるものと使えないものを仕分けし、古くなって読めなくなっているラベルを貼り直しました。何よりも大変だったのが薬品の管理でした。適切な理科薬品の管理のため、新たに薬品管理簿も作りました。不要になった薬品やラベルが読めず何が入っているかわからなくなってしまった薬品の処理には、かなりの学校予算を費やすことになりました。こまめに掃除もしながら……。「5月の連休明けには理科室で実験をしよう！」と生徒には宣言しました。新年度が始まって1ヶ月後、約束どおり、理科室で実験をすることができました。生徒たちは大喜びでした。実験道具は授業をやりながらそろえていきました。中学校3年間で行うすべての実験・観察の準備がセットできるまでに3年かかりました。

さあ、これからは理科の実験・観察が思う存分にできるぞ。

私が中学教師を辞めることになったのはそんなタイミングでした。

3章 教師としてのスキル

授業で勝負

私はつねづね「教師は授業で勝負！」と思っていますが、いま教師を目指す若い人たちの実習などを見るにつけ、その部分でのもの足らなさを感じずにはいられません。専門分野の知識ベースがしっかりしていないと、教材研究に深みはうまれません。

大学4年生で教育実習が終わり、半年後には教員として教壇に立つ可能性のある学生たちが最後の総仕上げのために行う「教職実践演習」というものがあります。ここでは、実習中の実体験から、教科指導に対する自己課題と学級経営に対する自己課題を解決するための時間です。私はカウンセリング科学が専門ですが、元中学校の理科教員だったこともあり、理科を選択した学生の授業を担当しています。

模擬授業では、リアルに生徒目線での質問が飛び交うのですが、その疑問に答えられない、あるいは説明ではなく「ごまかし」になっていることが多々あります。自己課題を解決するための演習とはいえ、やはり基礎知識が足りていないのだなと感じます。近年、全国学力テストにおいて、A問題（基礎的な知識を問う問題）とB問題（学んだ知識を「活用」する力を問う問題）のうちB問題が低い傾向にあるという結果が出ています。それぞれの事象についてインプットできていても、それらを横断的・総合的に考える力がないとアウトプットする際、何がなんだかわからなくなり説明ができない事態に陥ります。

たとえば、水の沸点を調べる小学校理科の実験で温度計を使い、数分おきに記録をとり、グラフに書く、というものがありました。ところが、水温は96℃ぐらいから上がらず、水の沸点である１００℃に到達しませんでした。

子どもたちは実験の結果をもとに、

「水は96℃で沸騰しました」

と発表し、先生は、

「他のグループもだいたい同じような結果だったようですね（おかしいなぁ～、なんで１００℃にならないんだ？　教科書にも書いてあるのに……しかたない。時間もないしまとめなきゃ）では、ちょっと教科書で確認してみようか」

と言って、どうにかして水の沸点は１００℃であることを主張しようとします。

「教科書には水は１００℃で沸騰するとなっていますねぇ～」

と先生が言うと、子どもがすかさず、

「なんで、100℃にならなかったの?」

と聞くと、

「う〜ん、それは誤差かなぁ〜」

と答えてしまう。これだと実験がうまくできなかった子どものせいで100℃にならなかったことになってしまいます。

この学生には何が不足していたのでしょう?

沸点は気圧によって変化すること、水は1気圧のとき100℃で沸騰するということ。また、不純物が混じっていると正確な沸点は得られませんし、そもそも、水道水は理科でいう〝水〟ではありません。これらが抜け落ちていたのです。この実験の日は季節外れの台風が過ぎたあとでした。これらのことがわかっていれば、逆に、沸点が100℃にならなかったことがチャンスとして、深化補充の授業が展開できたのではないでしょうか。また、実験を行う際の留意点や取り組む姿勢など、たとえば「条件を整えることの重要性」や「実験によってひとつの事実を確かめるのは大変な作業である」ということを知るチャンスでもあったのです。とにかく答えだけ覚えるインプット型の勉強をしていると、マニュアルにないようなケースには対応できなくなります。いずれにしても、今回の件は、実験環境の精度みたいな問題で、子どもの実験技術だけの問題ではありませんよね。

ほかにも、

「授業中に寝てしまっている子どもがいたらどうすればいいですか？　どうすれば起きてちゃんと授業を受けてくれますか？」

こういうこともよく質問されますが、教育現場ではケースバイケースです。子どものその日の様子や授業の内容などいろんな要素がからみ合っているので、こうすればうまくいくなどと一概には言えません。だからこそ、いろいろな方法を考え、試しながら、柔軟に対応することが大切なのです。

そこで、「あなただったらどうしますか？」と聞いてみると、「う〜ん……」と考え込み、ひとつも出てきません。正解を探そうとしているのです。ひとつ試してうまくいけば続けて、うまくいかなかったら違う方法を考えてさらに試します。その繰り返しです。はじめはまわりの先生に聞きながら試してみるのもいいでしょう、いろいろとやっていくなかで、やがて自分のワザの引き出しもそれなりに増えていくものです。ワザはたくさん持っている方がいいということになります。

そんなことを言うと、「たとえば、どんなことですか？」と聞いてきます。そのとき、まさに講義中に居眠りしている学生がいたので、「私だったら……」と、私はその学生のところに行って手をすっと差しだして握手しました。するとその学生は、はっと気づいて起きました。

「ねっ！　こんな感じ」

はじめから何でもかんでも「正解」を教えてもらうクセがつくと、自分で考えて柔軟に対応することができなくなります。

「学級経営をめぐる問題の現状とその対応」に関する研究を委託した学級経営研究会（文部科学省　2000）の調査結果では、うまく機能しない状況にある学級102学級を10のケースに類型化しています。その中で「教師の学級経営が柔軟性を欠いている」というケースが74学級と最も多かったと報告しています。やはり教師にとって、柔軟な対応ができるか否かは重要なことなのです。そのためには、自分で考えて行動し解決していく力、自己教育力を身につける必要があります。

私も新任の頃は、経験値はありませんでした。最初の学校は落ち着いて授業ができる学校でしたから（それでもどんな学校にも困っている子はいるものですが）それほど苦労はしませんでした。

2年目に移った学校はとても荒れていて、それこそいろんな方法を試しました。いままでは考えられないこともたくさんしてきました。たとえば、大きな声を出したり、どなったりもしました。でもやってみてわかったことは、結局、大きな声をだしたり、どなったりするのは効果がないということ。生徒が大きな声で騒いでいるからといって、教師も大声をだしたところで、よけいうるさくなるばかりだということでした。

いろいろと試す中で、これ以上方法が見つからずあきらめの境地で、黒板にゆっくりと丁寧に板書をはじめると、不思議なことに静かになることに気づきました。そのクラスは説明をはじめると騒ぐくせがありましたが、板書するとすかさずノートに書き写す、という不思議な習性もありました。

この習性は、これまで（小学校のとき）の学校生活の中でどんな学習スキルをつけたかによって、スイッチが入る場所があるようで、この子たちの場合は、「板書はノートに写す」ということだったようです。

高校のころ、町道場で助教として小学生や中学生に剣道を教えていたころ、岡田茂正館長から「100人の前に立ち、素振りの稽古中に振り向いた瞬間、そのうちひとりでもついてきていればいい。そのひとりのために教え続けなさい」と言われたことを思い出しました。そんな思いで、黒板に向かい書き始めたのですが、振り向いたら、ほぼ全員の生徒が一生懸命、ノートをとっていたのです。びっくりしました！

スクールカラーに染まる子どもたち

少し話はそれますが、さきほどの「習性」の話では、荒れている学校でも、掃除だけはきちんとやる生徒たちがいました。

中学生ともなると、しつけの部分は小学校時代の土台がないとなかなか難しいものです。たとえば、手の洗い方や鉛筆の持ち方、授業中の椅子の座り方など、そうした生活一般や基本的なことについては、小学校の先生の影響力はとても大きいと思います。中学では、人としてどう生きるかとか、どんな人になりたいかとか、人としての生き方、あり方といった部分で教師は影響力をもっていると思います。

掃除の仕方など当たり前のことですが、当たり前のことも教えられれば、ちょっとした動きも含めできるようになります。掃除の中でも難しいのが集めたゴミをちりとりで取るときです。なぜか、学校で使用するほうきとちりとりでは、その境にスーッと取りきれないゴミの筋ができます。多くの場合、子どもたちはその取り残したゴミをほうきでサッサと散らし、あったはずのゴミをなかったことにしてしまいます。ところがあるとき、入学したばかりの1年生が、しゃがんでほうきの柄の下の方を持って、見事にちりとりの中に入れたのです。私はこの光景を見たとき、教育ってすごいなぁ〜と思いました。小学校の先生の影響は本当に大きいものだと改めて思いました。

細かいことですが、子どもたちにとって学ぶ機会があったかどうか、出身校の違いがそのまま子どもの行動としてあらわれてきます。スクールカラーというものもあります。彼らの言動で、どこの小学校出身かがわかったりもします。

「家庭のしつけ」というのももちろんあるとは思います。

多種多様な価値観や、教育方針、それにもとづくしつけを家庭で受け、いろいろな環境で育った子どもたちが学校には集まってくるのです。現代ではその傾向がさらに顕著になってきているのを実感します。それぞれの違いということで片付けてよいものでしょうか。

教育方針はいろいろあるけれど、中学生くらいになると自分がやりたいことと、押しつけられていることがわかってきて、苦しむ子もいます。子どもは親の所有物ではなく、いろいろな意見を聞きながら自分で考えて道を決める、ということも中学で学ぶことが必要だと思っています。

子ども目線が授業を面白くする

同じ題材を扱っていても、生徒の理解や興味は授業の進め方で違ってきます。私が心がけていたのは、授業の冒頭5分間に子どもたちが興味を持って飛びつきそうな「つかみ」を提示することです。それがうまくいくと、ワクワクした中で50分の授業時間を過ごすことができます。はじめに小難しい話がはじまった、と思うとあきらめてシャッターをおろしてしまう子もいるからです。そういう態度はこちらもすぐわかりますよね。そんなことが繰り返されると、やっぱり学力は伸びません。それまでにできていた生徒も、できていなかった生徒もどちらも伸びないということになってしまいます。

よく、生徒と先生の年齢が近ければ近いほど親しみやすいというようなことが言われますが、私自身はあまり関係がないと思っています。年齢差に関係なく子どもの世界に興味を持っているかいないかが重要なカギになります。子どもたちがいまどんなことに興味を持っているか、その世界観にセンサーを常に働かせているか、ということです。授業が終わっても、休み時間も少し残って、生徒たちとコミュニケーションをとってみると、どんなテレビを見ているか、どんなことが話題になっているかなど、よくわかると思います。

たとえばナイキの「エアーマックス」が流行っていたときはその話題が男子の間でもちきりでした。こうしたことはすぐに職員室に戻ってしまうとふれられないことです。授業のためだけに授業をするというのではなく、校門をくぐったら下校まで、できる限り生徒の近くにいる、話を聞く、時間を共に過ごすなどをしていけば、トータルでうまくいくのではないでしょうか。

たとえば、授業中の課題をあえて1問、2問、3問……と言わず、ゲーム世代の子どもたちの言葉で1面、2面、3面……などと子どもになじみのゲーム用語を使って話すというようなこともしていました。解けたら「1面クリア」、難問については「最後面のラスボスだよ」というと、生徒たちも「おっ、強敵がくるぞ！」みたいなワクワク感があります。興味を持たせ、こちらに目を向かせるのはちょっとしたことでいいのです。

ところで「けもの道」ならぬ「子ども道」というものがあるのをご存知でしょうか。家庭訪問の際に生徒に道案内してもらったときに気づいたのですが、彼らは大人ならふつう通らないような道をつかって登下校しています。公園のフェンス裏を通ったり、家と家の間の道じゃないようなところを歩いたり。子どもたちの世界には私たちが想像する以上にいろいろなものがあります。それは子どもたちにつきあい、体験してみないとわからないことなのです。

私はいつも「この子はなんでこんなことをするんだろう」と不思議に思うことがあると、「どう感じているんだろう、どう思っているんだろう」ということを、いつも生徒の行動を通して、注意深く観察し、推測していました。すべての行動には意味があります。まさに「心は目に見えないけれど、行動は目に見える」ということです。

たとえば「嘘をつく」というのは、悪いこと、いけないことだと思っているから、嘘をつくわけです。ある意味わかりきったことですから、それを「なんで嘘をついたの！」と問い詰めても答えようがなく、話が先に進みません。「悪いと思ったから嘘ついたんだよね」からスタートして、自分だったらどんな感じかなぁ〜、と子どもの気持ちになって考えてみることです。いままで、よく見ること、まるごと受け止めることは、いつも心がけていました。そうしたこともすべて授業に生かされます。

理科の授業を体で覚える

文科省のカリキュラムによっておおよその目安がありますが、どんなふうに授業をするかは教師の裁量です。同じ単元であっても毎年やり方は異なります。基本的なものはありますが、学習課題を達成するためには、生徒の状況に応じて変えていかなくてはいけません。

理科の授業中、事前に準備していったものでは、理解できそうもないな、と判断すると、できるかぎり教室内にあるものを使って説明するように心がけました。理科は身近な事物現象について学ぶ教科です。しかし「身近な～」と言いながら、手っ取り早く手に入るのは教材屋さんで売っているものです。どこが身近なのでしょう。ですから、教材はなるべく自分でつくります。普段、目にする本当に身近なもので説明するから、理解しやすくなるのだと思います。これらはとても刺激的で効果的でしたし、何よりも生徒たちが面白がるのでよく使いました。

たとえば、理科室に滑車がなくて困ったことがありました。教室内をぐるっと見たら、机の脇になわとびがかけられていました。このなわとびを黒板の上にあったフックに引っ掛けて、定滑車の場合、片方のなわを引っ張るともう片方のなわが引っ張られた分だけ短くなる左右の長さが変わるだけ、つまり、片方が10センチ長くなるともう片方は10センチ短くなる、と説明します（定滑車を使って荷物を持ち上げるとき、力の大きさは変わらず、力の向きが変わるだけ）。

もちろん、教科書にも図や写真をもとに説明されていますが、やはり、子どもたちはいまここで実際に見たり触ったりしながらの方が、実感として捉《とら》えることができます。

あるときは、「ちょっと貸して」と給食の白衣袋のひもに指を入れ、ぐるぐると振り回しながら遠心力の話をしたこともありました。そして、掃除用具入れからバケツを取り出し、水を入れ、これまたぐるぐると振り回し……（もちろん水はこぼれない！）。

私が教室の中をキョロキョロ探していると、今度は何が始まるんだろうかなんてわくわくした雰囲気にもなります。

地球の自転と公転の話のときは、実際に体験してもらいました。生徒自身に「太陽」や

「地球」になってもらい、「じゃあ地球と太陽はどんな動きをするのか実演してみて」とお願いします。すると、他の生徒から「お～い、地球！　公転しかしてないぞ～」などと声が上がります。「地軸って傾いてるんじゃなかったっけ？」とか、体を使ってはじめて、なるほど、という体験をしてもらうのです。

同じようにクラス全員に「電子」になってもらって、ドアを半分開けたほうとドア全開のほうはどっちが入りやすいか、「抵抗」について体感してもらったこともありました。言葉や図よりも、体験したことは記憶に残りやすく、授業も盛り上がるので一石二鳥です。

個人が経験した出来事に関する記憶を「エピソード記憶」といいます。これには、「頑張って覚えよう」としなくても、自然に覚えられるというメリットがあります。さらに、エピソード記憶は覚えやすいだけでなく、忘れにくいのも特徴です。そしてありがたいことに、思い出したい時に思い出せるのです。

給食指導を制するものは学級指導を制する

教師にとって給食の時間は休憩時間ではありません。給食指導という教師のお仕事のひとつなのです。「いただきます」「ごちそうさま」をきちんと言う、人の給食をとらない、ぺちゃくちゃとしゃべりながら食べない、おかわりはみんなのことも考えて……などいろいろありますが、すべて基本的なマナーです。マナーが守られないと秩序が乱れます。

ですからこれはとても重要なことで、おろそかにすると、教室が荒れてしまいます。

力の強い者が他人のものを奪う。そんなことが許されてしまう社会であってはいけません。教室の中はひとつの社会であり、彼らはそのことを学ばなくてはいけません。

給食ではミカンとかプリンとか「ひとり1点もの」が奪われやすく、取られた生徒に聞いてみると「俺食べないし、いらない」と答えたりします。本当は食べたくても相手が怖くて言いだせないのです。やんちゃな子に「これ食べないよね、いらないよね」と言われると、そういうことにされてしまうのです。また、女の子に対しては「太るから食べないよね」なんて言いながら、取っていきます。

食欲は生理的欲求で、人間の欲求のなかでも基本的に満たされなければいけない部分で、不満やストレスにも直結します。これは、以前よく言われたスクールカーストにもつながってしまうのです。学級崩壊は給食の時間からはじまるといっても過言ではありません。

ひどい時には、4時間目が終わる頃、配膳台が教室の前に運ばれてくると、こっそり抜け出してほかのクラスの分のエビフライまで食べてしまう輩がいました。

そのようなことがあってから、配膳台は各フロアに配置せず、給食室で給食のおばさんが見張っていて、チャイムが鳴ってから給食当番がそこまで取りに行く仕組みに変わりました。それでも気弱な人が給食当番のときをねらって、クラスへ運ぶ途中に奪うようなこともありました。

ですから給食の時間は気を抜けません。準備の時間もじっと見守り、全員が食べはじめたのを見届けてから自分も食べはじめ、子どもたちが食べ終わる前に食べ終えて片付けます。ということで、私自身の昼食時間は10分そこそこしかないのでたいへんです。

荒れていた学校では、私はまず「自分の給食は自分で守れ」とよく言っていました。というのも、盗られる子にも問題があるからです。自分の配膳がすんだら席を離れて遊びだします。その間にミカンとかプリンをとられちゃうわけです。配膳がすんだらそのまま席に座って「いただきます」まで待つということができていないのです。

これもそもそもマナーです。座っていれば持っていかれることもないですし、もしも持っていかれた場合でも誰に持っていかれたかわかるので、もっていった子に注意することもできます。配膳後、うろうろと出歩いていたら、誰が誰のものをとったかさえわからなくて指導できません。


クラスで「残菜ゼロを目指す」だけでも学級経営はうまくいきます。

まず、配膳の際、自分の体調に合わせて「少なめでお願いします」をアリにします。逆はなしです。後で足りなくなったら困るので。おかわりは私が配ります。おかわりを自由にすると、力の強い子が都合よく振る舞うからです。

また、思春期の女子は恥ずかしくておかわりしたくてもできないことがあるからです。たとえばポテトをおかわりしようとすると、男子から「イモ食うのかよ」とからかわれたりします。だから「おかわりいるひと〜」とは聞かず、食缶を持って各班にまわりながら、「めざせ残菜ゼロ！　協力してくれる人ー？」と呼びかけます。

ひととおりまわって、さらにおかずが残っている場合は、ジャンケンにします。ただ、生徒同士だとまたズルをすることがあるかもしれないので、私との王様ジャンケンで決めます。とにかく平等感があるようにつとめていました。その甲斐《かい》あって、ほぼ毎日、残菜ゼロでした。

学級経営がうまい先生の見分け方は、教室がきれいか否か、給食のあと片付けがきれいか否かでわかります。お箸の向きをそろえる、食器やトレイをきれいに重ねるといった片付けの指導も重要です。

残菜ゼロの利点はなにかというと、

①クラス全員で食べきったという連帯感
②食べ物を粗末にしなくなる
③食器のあと片付けが美しい

などです。利点の特別編として、

「今日のイチゴは1人3個ずつですが、少し余分が出たので、いつも残菜ゼロできれいに片付けてくれている1組にプレゼントします！」

などとイチゴの入れ物にメモ紙が貼られていることがありました。気は心です。こうしたことは子どもたちにとってもうれしいことです。「残菜ゼロ、片付けきれい！　ということで、栄養士さんからご褒美もらえたよ！」とクラスのみんなに発表すると歓声があがります。生徒たちも、「よし、次もがんばろう！」と思うものです。栄養士さんや調理員さんともいい関係になれます。いいことをすると、お互いに気分良くなれるということを身をもって体験できるのです。

ちなみに残菜はいまも昔も食品廃棄という問題があって、どの学校も残菜ゼロを目指しています。しかし、学級が荒れているとなかなか指導することも難しい状況です。だからこそ、そこは教師が思う存分リーダーシップを発揮するところではないでしょうか。

昔は有無を言わさず、よそわれたものは残さずぜんぶ食べる、という指導方針でした。私の小学校時代は、全部食べ終わるまでいつまでも机の上に給食を置かれ、涙ぐみながら最後まで食べさせられました。とても嫌な思い出です。いまはそうしたことが不登校につながる場合があることも考慮され、無理強いはしなくなったようです。

いっぽう、「うちのクラスは自主性を育てるため、すべて子どもたちに任せている」と、任せるという大義名分のもとに何もしない先生もいらっしゃいます。秩序のないところで任せてもうまくはいきません。だからはじめはきっちりみます。いずれ自然とできるようになれば任せることもできます。そこまでもっていくにはいろいろと工夫も必要だし、とてもたいへん、だから指導すべきところは指導するんです。

ちなみに、工夫といえば、私は配膳の列を他のクラスとは逆にしていました。多くの学校では、セルフで配膳する場合、教室の入り口のほうからお盆を持って並んで、ごはん、おかずとよそっていき、最後に牛乳をもらって、教卓の前を通って自席に戻ります。なぜだかはわかりませんが、ほとんどの教室がそうでした。あるとき、その流れを逆にしてみました。つまり、教卓の方から並ぶという流れです。そうすると、配膳に時間がかかり並んで待っている時間、ひと言、ふた言にはなりますが、全員の生徒と話をすることができます。待っている間に騒いだり、ちょっかいを出し合ったり、余計なことをする子もいなくなるので一石二鳥の作戦でした。

よろこばれる学級通信とは

学級通信は生徒や保護者とのコミュニケーションとして欠かせないものです。

最近は個人情報や守秘義務の点で、書いたものを必ず管理職にチェックしてもらってからでないと配布することができなくなり、タイムリーさがなくなってしまいました。いつごろから変わったのかはわかりませんが、いまではどこの学校もそのようにしているようです。私は、ほかの先生が管理職のチェックを受けているのを見て、はじめて知りました。以前は、その日に起きたことをすぐに書いて、その日のうちに子どもたちに配っていました。今日起きたことは今日知ってほしいし、おとといのことを書かれても、ピンとこない場合のほうが多いからです。

管理職としては、学校から配布されるすべてのプリントを把握しておかないと、何かあった際（たとえば、保護者からのクレーム）、すぐに対応できなくなるからというのが理由だそうです。誤字脱字はもちろん、内容が適切か、保護者の方に誤解を招かないかなど、慎重にチェックします。

また、生徒の作文を載せる場合も、実名を出さずにイニシャルにするとか、なるべくいろいろな子の作文を載せるとか、生徒に掲載の許可をとるなど、さまざまな面で気を遣うところがあります。そう考えると、いまは昔のように学級通信を日刊で出すというのは、不可能に近くなっているのではないでしょうか。

そうしたことから、学級ではなく、学年通信のみにしているところもあるようです。責任を問われたくないという思いがあると、事務的なことや、当たり障りのないものだけになっていきます。すると人間味のないというか、温かみのない紙面になってしまいがちです。せっかくつくってもあまり読まれないということもあるのではないでしょうか。

中学3年間というのは、子どもたちがほんとうに変化する時期です。しかし、保護者はわが子でありながら、学校での様子を直接見ることができません。この素敵な時間、子どもたちが学校で成長していく姿を、なぜ教師だけが堪能するのかという思いから、私は学級通信を大事にしていました。

たとえば、生徒たちが試験を受けているときの様子、一生懸命に問題を解いている様子を、一人ひとりは短いものでしたが、生徒全員分書いて配布したこともあります。どんな表情で試験用紙に向き合っているか、どんなしぐさをしているかなど、生徒に向けたものですが、保護者の方にも興味をもってもらえました。

保護者会でそのことが話題になったとき、買い物バッグにそのときの学級通信をいつも入れていて、スーパーで会ったほかのお母さんたちと見せ合うようなこともしていた、と聞きました。

「うちの子はこんな感じ」「ほらほら、お宅のお子さんは……」なんて言って談笑していたようです。子どもたちにとっても、自分でも気づいていないクセみたいなものも知ることができます。また、試験中はほかの人の様子はわかりませんから、「へぇ～」なんて面白がってくれました。他人に関心がもてないようでは、いい関係性はつくれませんから、そういう点でも「興味をもってほしい」という意味も込めていました。

ですから、タイムリーに出すことが難しくなったとしても、できるだけ個々に語りかけるようなものが良いのではないかと思っています。手書きであればなおさら「関心をもって見守っている」という思いは伝わるのだと思います。ですからパソコンが普及したあとも私は学級通信だけはずっと手書きでした。

余談ですが、手書きの字は小学校の先生はとても上手な人が多いです。驚くほど丁寧できれいな字を書かれます。子どもたちがはじめて習う文字だから、ということで、とても努力されているようです。

教員ネットワークを最大限に生かす

教師という仕事で特筆すべきいいところは、教員同士のネットワークがとても充実しているところではないでしょうか。さまざまな研修会や研究会、部活などを通じて他校の先生方と知り合う機会はたくさんあります。さらに、定期異動もあるため、知り合いはどんどん増えていきます。

教師同士のつながりでは、仕事上の悩みを聞いてもらったり、技術的なことを教わったりなど、たとえ職場の身近に相談相手がいなかったとしても、そうしたネットワークを活用することができるのが教員のよいところです。

たとえば部活動はひとつの悩みではないでしょうか。

教師はなにかしらの部活の顧問または副顧問になります。自分の得意分野であればいいのですが、未経験のものを任されることも多々あります。まったくやったことのないものでも生徒たちに指導をしなくてはいけません。

もちろん、経験者を優先して顧問になるのですが、実力実績優先なので、自分が経験している部活でも顧問になれないこともあります。選手としてすごかった人でも教える立場では違う能力やスキルが求められるので、ベテランの顧問にはかなわないということもあります。また、選手として優れていたことを自負して顧問になると、かえって自尊心が傷つくかもしれません。授業と同じで、子どもたちは教えてくれる人をよく見ています。顧問と副顧問のように複数の顧問がいた場合など、信頼できるか否かによって、態度を変えることがあります。

私の中学生の頃は、わりと生徒たちに練習を任せて顧問は別のことをやっているというイメージがありましたが、いまは自主練であろうと生徒のそばにいなくてはいけません。なにかあったときにそばにいないと、責任が問われます。生徒のためにも、興味のない部活の顧問になったからといって、適当にやるわけにはいきません。

ある先生は、まったく未経験でバレーボール部の顧問になりました。本人も含め、バレーボール経験者が学校にいなかったからです。その先生は、バレーボール部の顧問になってから、時間さえあればバレーボールの教本を読んでいました。とても熱心な方で、練習試合では他校の顧問とともに審判をやることもありますから、講習を受けて審判資格まで取得していました。

独自の勉強も大切ですが、実際にやってみるとなるとやはり経験者に教わるのがいちばんです。そうしたときに、ネットワークを使い、「あそこの学校の先生は経験者だし、教えるのもうまいよ」という情報をつかむとすぐに教わりに行き、見学させてもらい、練習メニューをいっしょに考えてもらっていました。強い部活だと県外とも交流ができます。そうしたヨコのつながりをつくれるのが、学校業界のいいところですし、いかにそのネットワークをもっているかが教師生活において大いに強みになるものです。

私の個人的な思いとしては、技術や経験はどんどん広めていくべきだと思っています。教師は全国にいて、それぞれ持ちうる技術も知識も異なるからこそ、刺激し合い、お互いに影響を及ぼし合い、成長することも可能なのです。

もちろん、同じ学校で働く教員同士の交流も欠かせません。教室と職員室を行き来しているだけでも仕事はできますが、やはり同僚はいちばん身近なモデルであることは間違いありません。以前は、職員間の交流はどこの学校でも盛んでした。

学年ごとに（学年に所属しない管理職や主事さんたちは「4年」と呼んでいました）幹

事がいて、さらにそのなかから幹事長が選ばれます。毎月お金を積み立てて、忘年会や新年会、運動会後の打ち上げや親睦会という名の飲み会をしたり、泊まりがけで旅行に行ったりしました。

もちろん、学校からお金が出るようなことはありません。教職員が親睦を深めるためだけにあります。自発的な活動ですが、私の所属していた学校では、もれなくありましたから、伝統的にどこの学校でもあるのだと思います。ちなみに積立金はだいたい3000円でしたが、都心の学校だけは5000円でした(笑)。なぜだかわかりませんが、私はどの職場でも幹事をしていました。

つい先日、高知での講演会後の懇親会(飲み会です)で驚きの会話を耳にしました。

「職員旅行がなくなってさびしいなぁ〜」

50代後半の先生が言うと、すかさず20代後半の先生が、

「なんですかそれ?」

と返していました。

寂しいことですが、こうした慣習は徐々になくなってきているのかもしれません。

以前はそうした交流も「仕事のうち」という認識でしたが、時代にそぐわないのかもしれ

ません。勤務時間外だし、別のことにお金を使いたい、家族と時間を過ごしたい、そういう考えの人が増えているようです。教師に限らず、仕事とプライベートはきっぱり別、というのが「いまどき」なのかもしれません。ただ、学校も組織であり、チームで仕事をしていると考えている私としては、教員同士の交流が希薄になるというのは、非常に残念な気がしています。気の合う人だけが集まるのも楽しいかもしれませんが、いろいろな意見や価値観にふれることは、教師に限らず仕事をするうえで、いえ仕事に直接関係なかったとしても、プラスになるのではないでしょうか。

私のころは、何かあるとすぐに学年の仲間と飲みにいっていました。

私はあまりお酒は飲めないのですが、話を聞いたり、愚痴《ぐち》を言ったり、カラオケで歌ったりが大好きでしたし、ほとんどがくだらない話だったとしても、いろいろな考え方にふれて、突然いいアイディアが出てきたりもするので、それはそれでとても大切な時間でした。

いまになってふり返ると、

「無駄によく飲んで、よく歌っていたよねぇ～」

と、当時の仲間と話したこともありますが、あの当時、あの時間があったから、頑張れたんだと思います。

飲み会でのアイディア

楽しく飲んでいた時、ふと、

「明日、あいつらどうしようか……」

という話が出ると、急に憂鬱《ゆううつ》になります。「あいつら」とは、壁に穴をあけたり、ガラスを割ったり、とにかくいろいろなものを壊す男子生徒たちのことです。やんちゃな子たちでかわいいんですが、困ったことも多く、そのことを考えるとため息が出ます。

そんな雰囲気のとき、ある先生が、

「そんなに力がありあまっているんだったら、石でも運ばせる？」

と冗談っぽく言いました。

「なんで石？」

と一斉に周囲からツッコミがあり、大笑い。

ところがよくよく話を聞くと、ちゃんと理由があって、実は学校の裏に出自のよくわか

らない石が大量に放置されたまま、どう処理したらいいか困っていたのです。それからどんどんと話が具体的になって、

「だったら中庭に石を運ばせてビオトープをつくろう！」

という結論に至り、みんな「おもしろい、やろうやろう」と。自分たちでつくったら、きっと壊したり荒らしたりしないだろうし、中庭もきれいになるし、一石二鳥だと盛り上がりました。

これは飲み話では終わらず、校長にも許可をもらい、実際に計画を説明して男子生徒を集めました。

「穴掘りたい人いる？」

「石運びたい人は？」

と尋ねると、

「はい、はい、はい！」

と威勢よく手を上げてすぐさまノッてきました。

本当に力がありあまっていたらしく、掘りたいだけ掘って水道管が出てきてしまったときは、さすがに校長先生に叱《しか》られましたが、みんな夢中で作業し、見事にビオトープを完

成させたのです。

子どもたちも自分たちが完成させた作品を前に神妙な気持ちになって、完成した暁に魚を放そうということになりました（ひとりブラックバスを持ってきた生徒がいましたが、いやいや、それはやめておこうと）。

それから川で獲ってきた魚を入れたのですが、すぐに死んでしまいました。じゃあどうすればいいかと考えて、水質を変えてみました。野球部の生徒が見つけてきた亀の卵を孵化させようとしたこともありました。

自分たちでよりよいものにしようと考える主体性、自分たちで造ったという〝かかわりの法則〟（「自分がかかわったものは大切にする」ということ）。結果としては、目論見以上に大成功だったと思います。

もうひとつ、この学校の中庭はコの字形に校舎に囲まれていましたが、そこには春、夏、秋、冬をテーマにした「壁画」が描かれています。実はこれも、壁に落書きする困った生徒たちに、いっそのこと自分たちで企画して壁画を描くことを美術部と一緒になってやらせてみたものでした。これは次の学年が入ると1つの季節を消して、新たに描き替えることにして、毎年の伝統のようになりました。

保護者との関係

教師でしかも義務教育であれば、保護者との関係をどうつくればいいかは気になるところでしょう。

当時、ＰＴＡには仕事でふだん集まれない人のために「夜の懇談会」というのが学校で行われていました。機械警備になる９時には終わるのですが、子どもの話になると話題には事欠きません。中学校卒業後、どうしたらいいのか不安になり、その反動で次から次へと問題を起こしている子たちへの対応をどうするか、授業を成り立たせるために親が協力できることは何かなど。９時以降は地元で会社経営している人の事務所で夜中の12時近くまで話し合い、保護者と一緒に夜鳴きそばを食べて帰るということもしょっちゅうありました。

いまは個人情報の問題で載せていませんが、昔はクラス連絡網に担任教師の自宅の電話番号までばっちり載っていました。ですから困ったことがあれば休日昼夜問わずに電話が鳴ることがありました。まだ子どもが小さいこともあって、赤ちゃんも寝かしつけられず、これじゃいくら教師とは言え人間的な生活がおくれないなと思い、当時ではまだ珍しかった留守番電話機能のついた電話に変えました。

ある時、留守録を再生すると、

「明日校長のところに怒鳴り込むから。担任のあんたには迷惑かけたくないけど学校には物申したいから！」

と酔った勢いで（？）お父さんが電話してきたらしく、電話の向こうは大荒れ模様。すぐに折り返して、

「何があったんですか？」

と聞くと、

「このあいだのうちの子への態度が気に食わない」とのこと。

話を聞いたら気持ちが和らぐときもありますが、宣言通りに乗り込んでくることもありました。自分の子が理不尽な叱られ方をしたとか。パーマや茶髪、ピアスなどの校則違反に対して、昔は直してからじゃないと学校に入れません、と対応する学校が多かったようです。それに対して保護者は、

「義務教育なのに授業を受けさせないとは何事だ！」

「切り捨て教育なのか！」

と、当時はこんな感じだったと思います。

また、ある時、匿名で「デリカシーのない言葉で生徒を傷つけて、あなたのような授業をしていたら不登校が出てしまう。教員としての資質がないからいますぐ辞めろ」という手紙が保護者から送られてきたことがあります。見たときは震えました。すぐに校長に報告して、授業で使ったプリントも提出しました。この時の校長は、あまり動じないで、

「矢面という言葉がありますよね。前に進もうとしている人には矢が飛んで来ることもあります。前に進もうとしない人には矢も飛んできません。教育委員会で取り沙汰《ざた》されたり、嫌な気持ちにもなるでしょうが、私はあなたが正しいことをしていると思うので、怯《ひる》まずに前に進んでください」

と力強く励ましてくれました。しかし私の気持ちは晴れませんでした。自分ではそのつもりがなくても誰かをとても傷つけてしまったかもしれない。匿名のハガキでしたから、どの生徒の親かもわかりません。授業中、そういう目で見ているのが誰なのか気になって一時期不信感に陥ったこともあります。荒れている学校でしたが、私なりに愛情を持って一生懸命に子どもに対応していました。それがこんな評価だとおもったらいたたまれなくな

りました。

あとになって、どういうきっかけだかは忘れましたが、私とよく似ている先生と間違えられていたことが判明しました。その先生も矢面に立つ度量の持ち主で、子どもへの愛情深さは誰にも負けないくらいでした。そして、一生懸命な分、とても厳しい方でもありました。

保護者からは、いろいろな意味で、出る杭はやはり目立つので、打たれることもあります。打たれる前に、その言動を続けるか否かを判断するのは、その自分の言動が「子どもにとってよいことかどうか」ということです。少なくとも、自分とか先生にとってよいことは必ずしも子どもにとってよいこととは限りません。「子どもにとってよいことは正しいこと」ということを肝に銘じておくといいでしょう。

保護者対応の鉄則

俗に、「クレーマー」と呼ばれる保護者の状況を考えてみましょう。わが子のことがかわいくて、心配で、どうにか助けてほしいとの思いから、勇気を持って学校に話にくるわけです。ただ、多くの場合が、学校のわが子への対応への不信感だったり、教師への不信感だったりで、一般的にその行動は、感情的・攻撃的・ヒステリックのため、教師は巻き込まれることがあります。

そこで、教師として気をつけなくてはいけないのが、感情論にならないことと勝ち負けにしないことです。教育相談やカウンセリングの視点での対応が互いに傷つくことなく、解決に導けるのでその一方法をご紹介します。

ステップ1　受け止める

怒りの感情をひたすら受け止めることです。そのためにもまずは、一通り話してもらうことです。「受け止める」ことと「認める」ことはちがいます。ここを明確に意識しておく必要があります。

企業のクレーム担当者は1時間でも2時間でもひたすら話を聞くそうです。そうはいっても、教師は授業や会議など空き時間はほとんどありません。放課後も部活等で忙しいのはわかっています。それでも、時間をつくって聞いてみてください。怒りのエネルギーは話せば話すほど下がるものです。そして、すべて聞いたあと、

「〜のように受け取ったならば、不信感をもたれる気持ちはわかります」と相手の感情をしっかりと受け止めます。

ステップ2　説明する

感情を受け止めた後は、一方的な判断ではなく具体的な説明をします。

その方法は、①から③の順番に伝えていきます。

①事実：子どもの〜を

②考え：〇〇〇と判断したので

③行動：△△△という対応をしました

ステップ3　質問する

それでも納得できない保護者への対応は、白黒つけようとはせず、どのような対応を期待していたのか聞くといいでしょう。

ステップ4　確認する

最後に、今後の具体的な対応について確認します。また、その後も経過報告を怠らないことです。何かあったときだけ連絡するのではなく、その後のアフターケアも実は重要なのです。先生も気にかけて見守ってくれているという安心感がやがては信頼感へとつながっていきます。対応の終結後も、しばらくは連絡をとりましょう。

構成的グループ・エンカウンター

2章でも少し触れましたが「エンカウンター」（構成的グループ・エンカウンター）は、私の教員生活においてとても重要なものであり、これまでもいくつかの書籍でご紹介したり、研修会をしたり、このことでテレビをはじめとしたメディアの取材をたくさん受けてきました。本章の最後に、その一部をご紹介したいと思います。

最初に子どもたちに「ジョハリの窓」の説明をします。

このうち「開かれた窓」という部分がありますが、これが広ければ広いほど居心地がいい状態になるし、自分は何が好きで、何が得意で、どんな人生を歩んでいきたいかなど、自分と向き合うことができれば、キャリア教育にもつながります。ですから、中学校3年間でこの窓を広げるためのエクササイズをしていきましょう、ということを伝えます。これがエンカウンターの原理の元になる考え方です。

たとえば、「隠された窓」が大きければ、自分ではわかっているけれど、他人には知られていない、つまり「お前なんかに俺の気持ちがわかるかよ」という、うまくいかない状態です。

クラスのなかでこの窓を広げていくには、自分のことを他の人たちに話せる範囲でいいから、自己開示してほしい、エクササイズを通していまあなたはこんなふうに見えているよ、というプラスのフィードバックをしていきます。

人間関係づくりによさそうだから、ただ、「じゃあやりましょう」で、実際すぐにできることではありません。まずは準備体操が必要です。いくつかありますが、次に紹介するものは、もともとはエンカウンターとは関係なく、理科の実験で「考察」が書けない子のためにつくったものです。同じ実験をやっても、見る人によって考察は変わってきます。人それぞれいろいろな意見があるのだから、自由に発想し発言していいんだよ、人によってものの見方、考え方はいろいろあるよ、ということを実際に知ってもらうためにやってい

自己開示とフィードバック

「ジョハリの窓」　※アメリカの心理学者ジョセフ・ルフトとハリ・インガムによって提案されたもの

	自分が知っている自分	自分が知らない自分
他者が知っている自分	開かれた窓	気づかない窓
他者が知らない自分	隠された窓	暗黒の窓

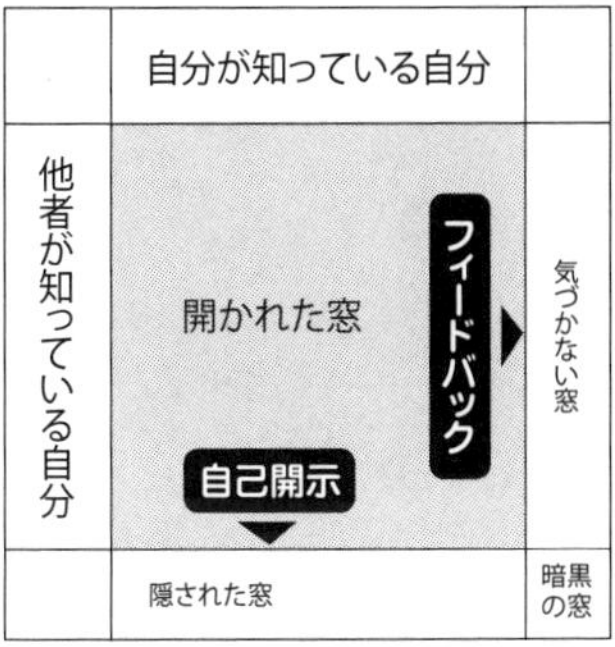

自分も他人も知っている「開かれた窓」を大きくして、居心地がよくなるようにしていく

たものです。

【何に見える？】

1．黒板に「○」を不規則にたくさん書きます。

2．生徒にこれが何に見えるかを紙に書いてもらう。

3．時間は2分間。なるべくたくさん、思いつく限り。

入学して間もない1年生の教室。はじめに「これをやることによって、みんなってすごい、自分もすごい、ということを感じてもらいたい」という教師の思いを話し、「みんなってすごい　自分ってすごい」と板書します。

さて、時間になりました。「何個書けた？」と聞くと、1個の子もいれば、最高で17個書いた子もいます。

「へぇ〜、17個もすごい！」

生徒たちも「すげぇ〜」と教室中で拍手が起きました。まず「すごい」子がひとりできあがり！　ということになります。次に、その子に17個すべて読みあげてもらいます。「雪」、「水玉」、「シャボン玉」……。他の生徒には「同じものがあったら、線を引いて消してみて」と言います。

「ぜんぶ消えた人？」と聞くと、ほとんど全員が首を横に振ります。ちょっとドヤ顔になります。こんなにたくさん読みあげた人と、かぶっていないものがあるのです。いちばん多く書けた子でも思いつかなかったものがあるわけです。不思議なことにこれを約30年間、やっていましたが、ここで全部消えちゃったということは一度もありませんでした。

次に多かった15個の子にも残ったものをあげてもらい、他の子はまた消していきます。これを繰り返します。いっぱい書いた子が書いたものを消していっても、まだ自分は残っている。こうして自分だけの発想や考えがあることを知っていきます。そして、この時、たった1個しか書けなかった子がなんと最後まで残りました。1個しか書けず、彼は「1個しか書けない自分はダメな自分」と、気落ちしていたのですが、最後まで残ったと言うことは、誰にもない発想を持っていたということなのです。

「じゃあ、なんて書いたのか教えてください」

「僕はちょっと名前がなんて言うのかわからなかったので、言葉で書いちゃったんですが……薬局の受付とか、刑務所の面会室にあるガラス仕切りについてる話をするための穴です」

それを聞いたクラスのみんなは、

「すご～い」

「ただもんじゃない！」

と歓声をあげます。さっきまで意気消沈していた子も誇らしい表情になりました。実はこの子は理科が得意で、中学校3年間、理科の成績はずっと「5」でした。

こうしてみんながすごいという感覚がもてました。

「何に見える」は漢字バージョンなどほかにもありますが、次のやり方としては、まずそれぞれでやってもらったあとに、今度は班になってほかの班がきっと見つけていないだろうとおもわれるものを1つ考えてもらいます。これは話し合いで決めます(「合意形成」)。そうすると凝集性が高まります。それが終わったら、「増えた?」と声をかけます。そうするとみんな「増えた」と言います。

「そうだよね。ひとりで勉強するよりも仲間と教え合ったりすると伸びるよね。仲間がいるってありがたいことだよね。だから班活動も大事だよねー」

と教師なら言ってしまうところですが、絶対に言いません。それを言った瞬間、子どもたちはやる気を失います。なぜかというと「教訓的」だから。それが透けて見えると、「先生はそのためにこれをやらせたんだ」と、途端に「やらされていた」に変わってしまいます。意味があるような言葉はNG、「プロンプト(促進)」の言葉がけのみです。この場合では、「増えた?」としか聞きません。意味付けは生徒たちにまかせます。

「仲間がいるってありがたい」

「みんなでやればひとりよりずーっとうまくいく」

こうしたことはふりかえりの時に生徒自身に気づいてもらうのです。それをこちらが先に言ってしまうと、プラスのフィードバックもできなくなってしまいます。生徒の手柄を横取りしてはいけません。先に答えを言ってしまう、教訓的なことを上から目線で言ってしまう先生は多いですが、あくまでも生徒をヒーローにするのであって、教師がヒーローになってはいけません。

「シェアリング（分かち合い）」をする

さて、このあとに大事なのが「ふりかえり」です。ふりかえり用紙を用意して、「たのしかったですか」「自分のためになりましたか」「またやってみたいですか」の3項目については4件法で答え、最後は自由記述欄で「感じたこと、気づいたことをなんでも書いてください。書ききれなかったら裏面も使うのもアリですよ」とします。

書き終わったら回収して、コメント部分をすべて読み上げます。用紙には名前が書いてありますが、読み上げるときは匿名です。人物が特定されていると読まれる方は萎縮してしまうし、「思ってもいないくせに」だとかヤジをとばしてくる子がいることもあるからです。匿名だと誰が書いたか知っているのは、私と書いた本人だけです。このとき読み上げているとふしぎなことにお互いが妙につながっている感覚になります。これが「生徒一人ひとりと教師がつながる」実に効果的な方法のひとつです。

一人ひとり読み上げた後は、その都度フィードバックします。このフィードバックはかならずプラスのコメントにします。たとえば、

「できるだけたくさん書いてと言われたので一生懸命考えて、これ以上ないだろうと思っていたけど、ほかの人が自分の気づいていないものをいっぱい出してきたので、みんなすごいなぁ〜と思った」

と書いた子には、

「みんながすごいって思えるあなたがすごいよね」

と、コメントします。すると、みんなが同意してうなずきます。まるで教室がひとつの生き物のように一斉に。その空気感の中で読み上げられた子は、クラスのみんなに受け入れられたような心地よさを感じます。

先生の中には、「じゃあ今日は時間もないので3枚だけ読むねー」と、やってしまいがちですが、もれなく全員分を読み上げることに意味があるのです。ふつうの教科の授業ではよいかもしれませんが、道徳やエンカウンターのようなものにはそぐわないと考えています。というのも、3枚だけと限定すると、どうしても、それが模範解答のように受け止め

られ「ああいうふうに書けばいいんだ」となってしまうからです。そうなると、それ以降は本音を書かなくなってしまいます。自由に書く、いろいろな意見があることを知るという趣旨に反してしまいます。「いろいろな感性を持つひとがいることを知る」ということこそが重要なのです。

研修でこのことを話すと、参加されている先生方からは、「もし、マイナスのことが書いてあったらどうするんですか」と必ず聞かれます。私は「それも含め読みます」と答えています。たとえば、

「私は一生懸命考えて答えたのにみんな聞いてくれない。無視されてとても嫌だった。先生は、楽しくてみんなの役に立つものと思ってやったのかもしれないけど、私は傷つけられたので、二度とやりたくない。サイテーのクラスです」

こんなことが書いてあったらどうしますか？　と先生方にたずねます。

「読まずになかったことにしますか？」と聞くと一様に、

「それはできない」「その子がさらに傷つく」といった答えになります。

実は、こういう本音こそがすごく重要なことなんです。「いいこと」ばかり書くクラスは本音を言っていない、ある意味、表面的なつながりしかないクラスだと思います。みんな

がみんな「このクラス最高！」ということばかり言っていたら、そうは思っていない子も、同調圧力に負けて何も言えなくなってしまいます。その子は、この教室でずっと本音を押し殺して過ごしていかなければならなくなってしまうのです。「マイナスの本音」でも言えるクラスこそが、本当の意味で深みのあるクラスになれるのです。

ですから、先に挙げた本音は、教師にしてみればどう扱っていいか困ってしまうことかもしれませんが、本当は学級経営にはとってもありがたいものなのです。これをスルーしたり、蓋をしてなかったことにしてしまうと、生徒たちの「クラスをよくしたい」という気持ちをふみにじり、「どうせ言っても無駄」と思わせてしまうことになります。

だからこそ、前述した通りすべての子どもたちの本音にプラスのフィードバックをすることが約束事で、それこそが、教師の腕の見せどころと言っていいでしょう。

その子の「できていないこと」ではなく、まずは「できていること」に目を向けます。この場合は「書いたこと」そのものが「できていること」になるのではないでしょうか。「書いてくれてありがとう。書いてくれなかったらあなたのつらい気持ちに誰も気づくことができませんでした。私は教師としてみんなのことを一生懸命見ているつもりでも、見えないこともいっぱいあります。だから書いてくれたことはとってもありがたいことなんです」

と言うと、クラスのみんなも、うんうんとうなずきます。

「多くの子が、またやってみたい！　と書いているのですが、これを書いてくれた子もふくめてみんなが楽しめるようにしたいんだけど、みんなどうしたらいいか考えてもらえる？」と言うと、クラス全体が大きくうなずきます。このすべてを受け入れようとする空気の中で、書いた子も読まれてしまってドキドキしていたかもしれないけれど、「書いてよかった」と思えるようになります。

クラスのみんなが、みんなと違う意見を言える、言ってもいいんだという認識になります。実は同じように感じていた子もいたかもしれない、その場しのぎで当たり障りのない意見を書いた子もいたかもしれない。そうじゃなくていいんだ、本音を書いてもいいんだ、と体感できると、これが次につながっていきます。

人とは異なる言動によってグループをかき乱す存在のことを「トリックスター」と言います。心理学では「心をゆさぶる人」としています。政治などでもひとつの政党ばかりが強いと、ひとつの意見で突き進んでしまい、「ちょっとまてよ」と議論する余地がなくなってしまいます。ですから「心ゆさぶる人」の存在は学級経営の醍醐味でもあります。企業でも新商品開発につながるのはクレームだとも言います。「良かったこと」よりも「困ったこと」を知ることのほうが役に立つのです。

それでは、まったくなにも書けなかった子はどうでしょう。それにも必ずフィードバックします。

「白紙でなにも書いていません。書こうと思ったけど何を書いたらいいのかわからなくなっちゃったのかなぁ～。書くことがなかったのかなぁ～。それとも書きたくなかったのかなぁ～。私にはわからないけれど、あなただけが知っているわけで、そういうことも振り返ってみることが、自分と向き合うことになるので、その時の気持ちも大事にしてください。いつか書きたくなったら書いてね」

こうした作業を「シェアリング」といいます。シェアリングとは分かち合いのことです。自分とは違う意見がある、ということは案外、気づいていないものです。

たとえば、手を組んでみてください。右手左手どちらかの指が上になるかはひとそれぞれだと思います。次に重ねる手を右と左、逆にしてみてください。どんな感じですか？　私は「違和感がある」「気持ち悪い」と感じるのですが……。どちらかが組みやすいようになっていて、逆にするとへんな感じです。ところが、実際にクラスでやると、「なんとも思わない」という子も数人にはいます。それで、違和感があることが、「当たり前じゃない」ことに気づきます。自分の当たり前がみんなにとって当たり前じゃないことに気づきます。「シェアリング」はそのためのものです。ひとりよがりにならず、いろいろな気持ちを知ることです。

マイナスのこと、人と違うことは誰でも言いにくいので、はじめは私が匿名で読み上げることにしています。ポジティブなことも、ネガティブなことも自由に書けるようになってきたら、次は書いたものを班で回し読みにします。誰が書いたかわかるようになると、少し遠慮が出ます。それも社交スキルのひとつですが、もし遠慮して書かなかったことがあれば、回し読みの後に書き足して良いことにします。それもあとで全体にシェアします。こちらとしてもこのへんがまだ言いづらいんだな、ということが把握できます。次の段階は自分で書いたものを自分で読み上げる、それができたら今度は書いたものを読まずに自分の言葉で話す。というように段階を踏んでいきます。これもスモールステップというやり方です。

大人だったら、「感じたこと、気づいたことをどなたでもどうぞ」と言われれば、いきなりでも話せると思いますが（無理という人もいるでしょうが）、子どもたちにそれができるようになるためには、少しずつ練習が必要というわけです。これを繰り返しやることで、自然とできるようにするのです。

学級開きのエンカウンター

4月、新1年生はもちろん、学年が変わってクラス替えがあったばかりの教室は期待とともに不安もあります。どんな先生だろうか、どんなクラスメートたちだろうか。

たいていのクラスでは、この学級開きのはじめに、先生が自己紹介をして、クラスの生徒たちも簡単な自己紹介をするのではないでしょうか。ただ、私の経験（生徒だったときも、教師になったあとも）では、とりあえず行われるもので、すぐに印象は薄れてしまうものだと思います。

たとえば、教師が「私はこんなクラスにしたいと思います」と熱く語っても、面白い自己紹介をしても、その場限りだと思います。また、生徒が順番に「私は○○です。どこどこ小学校からきました。好きな教科は体育です。苦手な教科が算数……じゃなくて数学です」とこんな感じでしょうか。はじめのうちは聞いていても、途中から飽きてしまって耳を傾けなくなります。

お互いをはじめて知るこの学級開きの時期にもエンカウンターをやります。のちのちのエンカウンターのための準備運動のようなものでもあります。いくつか紹介しましょう。


【バースデーライン】


机を教室の後ろに片付けてしまい、椅子だけを円形に並べます。そして、誕生日順に時計回りに椅子に座っていきます。もちろん、まだお互い誕生日はわかりませんから、各々で誕生日を確認することになります。同じ誕生日だった場合はジャンケンで勝った方が先に座ります。ですが、ここで「しゃべってはいけない」というルールを設けます。

一言もしゃべらず、身振り手振りだけで自分の誕生日を伝え、相手の誕生日を探るのです。だいたいは指を使って教え合います。4月5日であれば両手を使ってすぐに表現できますが、2桁になると、一度では伝わらなかったりします。手のひらに数字を書くしぐさをする子もいます。

たったこれだけのエクササイズです。エンカウンターには競争の原理はありませんが、あえてここでは、「タイムを測るよー」と言ってはじめます。クラスに40人くらいいてもおよそ2分程度でできると思います。

こうすることの目的は大きくふたつ。自由に席に座らせると、必ず男子は男子、女子は女子でかたまったり、仲良し同士がくっついたりします。そのほうが安心だからです。でも、このままの状態で放っておくと、固定化された人間関係で1年間過ごすことになります。年度当初の新しい仲間を知るためのエクササイズをするわけですから、まずはそういう集団力学を排除したいのです。

それから、明るい子もいれば、内気な子もいるので、その差が出ないようにすること。新年度がはじまって教室に行くと、なにがまず起きるかというと、「誰々ちゃん一緒のクラスだ。よかったー」そうしてきゃっきゃやっているところに、知り合いがいない生徒がやってきたら、いきなり疎外感を感じてしまうと思います。おしゃべりしながら楽しくやっている声の大きい子、元気のいい子だけで盛り上がり、そこに入れない子は以降も孤立してしまい、積もり積もってスクールカーストが生まれてしまうかもしれません。知り合いのいない子は声を出すチャンスもないのです。だからはじめに言葉をとっちゃうのです。ある研究によると、コミュニケーションは、30%が言語によるもので、残り70%は、表情やしぐさ、ボディーランゲージであるといいます。ですから誕生日を伝えることなんて言葉を使わなくても充分伝わります。

ちなみに、タイムを計るのはなにかを競ったり、勝ち負けをつくるためではなく、あくまでゲーム性を出し凝集性を高めるためです。

バースデーラインが完成したら、あっているかどうか誕生日を言ってもらいながら確認します。そして、私自身も自分の誕生日の場所に「年齢は関係ないからね」と入ります。そうすると、この大きな円がひとつの大家族のように見えてくるから不思議です。

【質問ジャンケン】

バースデーラインのスタートの人から、1、2、1、2……と順に番号をふって、1の人は右を向いて、2の人は左を向いて、ペアになってもらいます。

次にそのペアで「質問ジャンケン」というものをやります。

ジャンケンで勝った人が負けた人に1つだけ質問できます。質問された人は応えられる範囲で答えてもらいます。答えたくない質問のときはパスする権利もあります。時間は1分間行います。勝ち続けたり、負け続けたりすることもあるので、情報量にかたよりがでないよう、そのあとはジャンケンなしでの質問タイムになります。

じゃあなんではじめにジャンケンをするのかというと、これにも理由があります。実際やってみるとわかると思いますが、いきなり「お互いに質問し合ってください。では、どうぞ！」と言われても、照れたり、譲り合ったりしてなかなか質問を切り出せなかったりするからです。ジャンケンをすることによって、これは遊びになり、遊びのルールのなかでできるようになるのです。

これは交流分析というものが元になっています。人間は誰しもPAC（P：ペアレント＝親心、A：アダルト＝大人心、C：チルドレン＝子ども心）という心が備わっていて、「子ども心」にはフリーチャイルドといって、自由奔放な遊び心があります。大人であってもこの心が表に出てくると遠慮なくものごとができるようになります。ゲーム性を取り入れるのは、このフリーチャイルドを呼び起こすためです。勢いに乗って相手の情報をゲットしようとします。嫌な質問はパスされますから、教師（私）は、途中で「聞かれてうれしかったことはある？」と、メンバーの中から参考になるようなヒントを聞き出します。

【他者紹介】

さて、次にそのペアを崩さずに、隣のペアを向き合わせて4人グループを創ります。ここではさっきペアで質問ジャンケンをして知り得た情報を新たな2人に「他者紹介」をしてもらいます。

「この人は○○さんで、○○が好きで、こんな人です」

というふうに紹介します。こうすることで、はじめてのクラスで、自分のことをわずかでも知ってくれている人が少なくともひとりはできるわけです。生徒たちにしてみれば、くすぐったいくらいにうれしいことです。記憶ゲームではないので、忘れてしまったら「ほかにどんな質問したっけ？」ともう一度聞くことはかまいません。

ちなみに、次になにをやるという予告はしません。予告すると、〝覚えなきゃ〟という気持ちがはたらき、質問ジャンケンを楽しみながらできなくなってしまうからです。

4人の他者紹介が終わったら今度は別の4人に紹介する、これを繰り返していきます。最終的にはクラス全員がそれぞれのことをちょっとだけ知っている状態になります。また、自分も知ってもらったという実感が持てるのです。

【○○先生を知るYES／NOクイズ】

教師自身の紹介は「○○先生を知るYES／NOクイズ」というエクササイズを行いま

す。

私についてのクイズが出題された紙を配ります。

・私は5人家族である

・東京生まれである

・小さい頃に宇宙飛行士になりたかった

など、自分を語るためのきっかけになるものが10問書いてあります。それぞれ回答欄のYES、NOに○をつけてもらいます。次に班ごとに話し合って班としての答えを決めてもらいます。先述した「合意形成」です。人の違った意見も聞きながら、ひとつの意見にまとめる、という作業ですね。ただ「合意形成」は異なる価値観を認めるというものですが、いきなりやるには難易度が高いです。ましてや知り合ったばかりでは意見も出しづらいでしょう。

しかし、これは教師（私）に関するクイズなので、間違っていても誰も悲しくない、くやしくない、傷つかない、どうでもいい、という素晴らしい特長があります。誰の価値観も否定しないし、学力や知識も関係ないので、簡単に合意形成できてしまいます。

このあと答え合わせをしますが、1問読み上げては、班の解答を一斉に○×ジェスチャーで答えてもらいます。実はこれもひとつの訓練です。

よく運動会などで勝ってうれしいときに「ヤッター」と仲間同士でハイタッチしたり、ハグし合ったりしますが、うれしいときにみんなと一緒に同じようなリアクションができない子っていますよね。本人は喜んでいないわけじゃなく、喜びを表す表現の仕方を知らないだけかもしれません。でもまわりからは、変な子、かわった子という見られ方をされます。本人の思いとは裏腹に変な子と見られてしまい、本人が傷ついてしまうこともあるでしょう。

みんなが喜んでいるとき、みんなと同じようなリアクションをすることは、大切なソーシャルスキルのひとつです。つまり、同じようなリアクションによって「感情交流」ができるとされているわけです。みんなで何かをするときにはみんなと同じように感情をあらわすことで、一体感が生まれます。

こういうことを言うと、「集団に合わせることを押しつけている」と考える人もいますが、なんでもかんでも集団主義にしろというのではありません。個性は大事だけれど、集団のなかで合わせることも必要です。強制されるのはよくないけれど、まったくできない、やらないというのは生きていくうえでのスキルをひとつ放棄してしまうことにもなります。

いつもじゃなくてもいいので、そういうこともできる自分、そういう交流の仕方も身につけるということです。いざというときに手段を持たない、というようにならないためです。お互いのことがよくわかってくれれば、そういう表現の仕方なのね、ということも理解されるでしょう。ですが、仲のいい子だけでしか通用しないようだと困まってしまうことになります。学校でも、社会に出ても、仲のいいお友達ばかりに囲まれることはありませんから。

このクラスなら本音が言える

【私は誰でしょう（スリーヒントゲーム）】

1学期、クラスメートのことを知るクイズはまだあります。「私は誰でしょう」というものので、白紙の紙の上のほうに名前を書いたら、3つのヒントを使った自分クイズを出題します。ヒント1はクラスのなかでも知っているであろう人が数人という極端に少ないもの。2は半分くらいの人がわかるであろうヒント。3は8割くらいの人がわかるものにします。記入後の用紙を集めておいて、朝の学活や授業がちょっと早く終わったときなど隙間の時間に使います。

「じゃあ今日は、3人だけ『私は誰でしょう』をやりまーす」

ひとつずつヒントを出していき、わかった人は答えを言わずに手を上げてもらいます。

1つ目のヒントでわかった子はその子ととても仲のいい子ということがわかります。

いまは学校現場では使用されなくなりましたが、ずっと以前は「ソシオメトリー」というものがありました。簡単にいうとクラスのなかの人物相関図です。あなたが優しいと思う子は誰ですか、話しやすい人は誰ですかなどのアンケートをとって作成します。教師はこれをもとに、クラスのなかで誰が仲がいいとか悪いとか、人望があるとかを把握していました。学校によっては「誰が嫌い」などネガティブな質問をしていたところもありましたから、生徒が知りたがって漏洩してしまったり、教師が「お前はクラスのみんなからこう思われているんだぞ」というようなことを言うために使ったり、ひどいところではクラスで公表してしまったり、保護者からはいじめにつながるなど、さまざまに批判されて、やらなくなりました。

ただ、教師としては、その子が親しい子は誰か、なにかあったときに相談できる子は誰かぐらいは、学級開きという初期の段階では知っておいたほうがいいでしょう。そして、目を向けるべきは、これからの関係づくりであることは言うまでもありません。

エンカウンターは心を開く作業です。自分を知り、相手を知り、異なる意見を知り、認め合ったりするなかで、自分と向き合い自分の意見を言えるようにするのです。そういう集団で育った子どもたちは、社会に出てからも集団のなかで大きく価値観がゆらいだり、自信を失ったりということに対して「強く」なれるものだと信じています。レジリエンスが高い子とでもいいましょうか。

ところで、「私は誰でしょう」では、ヒント1でクラスの誰も手を挙げなかった子がいます。それは「私は3つ子です」というヒントでした。クラスがざわつきました。ヒント2でもみんなが首をかしげます。ヒント3になってようやく手が挙がりましたが、その子も自信なさげです。答えは正解でした。

「えーっ」

という声があがります。ヒント1ははじめての告白だったのです。その子は別のクラスにきょうだいがいて、みんなは双子だと思っていました。実はもうひとりのきょうだいは障害があって養護施設に入っていたのです。いままで誰にも言ったことがなかったそうですが、エンカウンターを通じて、このクラスなら言ってもいいかな、と思ったので……と、

エンカウンターのエクササイズ例

<table>
<tr><th>実施時期／ねらい</th><th>1年</th><th>2年</th><th>3年</th></tr>
<tr><td rowspan="7">【学級開き】
リレーションづくり（教師・生徒同士）・ルールの確立・自己理解・他者理解</td><td>何に見える?</td><td>漢字さがし</td><td>思い浮かぶもの</td></tr>
<tr><td colspan="3">バースデーライン</td></tr>
<tr><td colspan="3">質問ジャンケン・他者紹介</td></tr>
<tr><td colspan="3">X先生を知るYES・NOクイズ</td></tr>
<tr><td colspan="3">私は誰でしょう（スリーヒント）</td></tr>
<tr><td colspan="3">ネームゲーム</td></tr>
<tr><td colspan="3">クラスメートビンゴ</td></tr>
<tr><td rowspan="3">【班活動（初期）】
協力体験・自己を語り人の話を聞く、対等な人間関係</td><td colspan="3">新聞ジグソーパズル</td></tr>
<tr><td>サイコロトーキング</td><td>アドジャントーク</td><td>坊主めくりトーキング</td></tr>
<tr><td>教室はどこだ</td><td>私たちのお店屋さん</td><td>宝探し</td></tr>
<tr><td rowspan="3">【班活動（中期）】
自他理解・自己受容・他者受容・合意形成</td><td colspan="3">いいとこさがし・エンジェルハート</td></tr>
<tr><td>月世界</td><td>SOS砂漠サバイバル</td><td>無人島SOS</td></tr>
<tr><td>君の人生How Much?</td><td>幸せの熱気球</td><td>権利の熱気球</td></tr>
<tr><td rowspan="4">【班活動（後期）】
自己受容・他者受容</td><td>あなたの印象</td><td>私の四面鏡</td><td>気になる自画像</td></tr>
<tr><td colspan="3">みんなでリフレーミング</td></tr>
<tr><td colspan="3">私は私が好きです。なぜならば～</td></tr>
<tr><td colspan="3">あなたに感謝</td></tr>
<tr><td>【学校行事】
自己の存在意義・存在価値、他者の存在意義・存在価値</td><td colspan="3">協同絵画、人間みこし、トラストウォーク、トラストウォール、トリップツーヘブン、私たちの得た宝物、君もどこかでヒーロー・ヒロイン、折り鶴メッセージほか</td></tr>
<tr><td>【学年末】
あたたかみのある人間関係、仲間への感謝</td><td colspan="3">ジョハリの窓でせ～のでドン!、あなたに感謝、元気玉（万感を込めて）、森の何でも屋さん、エンマ大王、もしも私が全知全能の神ならば、別れの花束</td></tr>
</table>

※おおよそ年間を通じてやっていたことを抜粋しています。毎回アレンジしています。

その子は教えてくれました。

4章
変わる教室

女性教師だからこそ

女であることは、やがて母になるチャンスがあるということです。男女雇用機会均等法はありますが、女性として仕事を続けるうえで多くの場合、避けては通れないこと、それが妊娠、出産、子育てです。

妊娠の可能性がある女性教師が担任になると〝ハズレ〟という保護者もいらっしゃいます。ましてや中学3年生の保護者ともなると、わが子の受験があるわけですからその気持ちはよくわかります。でも、私たち女性教師は、限られた時間だからこそ、また、母親だからこそ親の気持ちも理解しながら、子どもたちが割に合わないことのないよう、誠心誠意努めるので、実は〝当たり！〟なのです。

教師をしながらの子育ては厳しいものがありました。学校行事（文化祭や体育祭の準備等で土曜日の午後も活動するときなどは、保育園に子どもを迎えに行き、そのまま職場に連れて行き、再び仕事をすることもありました。

子どもが小さいころは、私の母が片道1時間かけて自宅まで通ってきてくれました。朝がとても早いので、私が出勤して母が到着するまでの間は、近所の人が子どもの面倒を見てくれました。いま風に言えばママ友です。子どもたちは私を「かあさん」、ママ友を「ママ」と呼んでいました。私の母といい、ママといい、本当にありがたい存在でした。

仕事が終わり、保育園に迎えに行きながら夕食の買い物をしていたのでは、食事の時間がかなり遅くなります。そこで、食材はなるべく週末にまとめ買いをしておきます。さらに、夕食のメイン料理は、できる限り前日の夜、寝る前に仕込んでおくことにしました。働く主婦の台所の必需品は、圧力鍋、シャトルシェフ、オーブンレンジ、それに食洗機。圧力鍋は時短になり、シャトルシェフは一晩かけてじっくり煮込むのに最適でした。

日曜日以外は洗濯は夜にやります。洗濯物はとりあえず部屋に干しておき、次の日の朝、出かける前に外に出せば、朝の忙しい時間が少しですが緩和されます。それでも子どもたちが大きくなり、お弁当を3人分つくっていたころは、なにをどのようにこなしていたのか、いまとなってはよく覚えていませんが、忙しくも充実した時間だったことは確かです。

子どもたちはみな、絵を描くことが好きでした。父親が絵を描くことが好きでしたので、きっとその影響だと思います。紙と鉛筆さえあれば、さらさらと描いていました。特に次男は絵本作家になりたいとの夢がありました。彼の描く絵は、優しいタッチで私は好きです。また、読書が好きでいまでも部屋の片隅で読書をしています。いまはＷＥＢデザイナーをしています。

三男は、小さいころから動物園が好きでした。自分でお給料をもらえるようになってからは、上野動物園の年間パスポートを手に、時間をつくっては行っているようです。これも父親の影響だと思いますが、彼は高校時代から空手をはじめました（ちなみに父親は空手の有段者です）。その後、大学3年のとき、突然、総合格闘家となり、いまはフィットネスクラブを経営しています。

産休、育休は私にとって、神様のくれた時間でした。わが子のことだけを考え、わが子のためだけにつかっていい時間です。なのに長男のときは産休しかとれず、次男、三男のとき、やっと、産休と育休を少しいただきました。とくに三男を授かったとき、私の人生の中でこれが最後の出産になるだろうと思うと、いままで上の子たちにしたくてもできなかったことがたくさんあったことに気づきました。三男の出産を機に、いままで子どもたちにしてあげられなかったことを反省しつつ、大切に大切に「子どもを育てる」（ここはあえて「子育て」の3文字では言いたくないのです）ことをかみしめようと心に決めました。わが子と出会え「母親」として成長させてもらえることに感謝を込めて。

　このような経験があると教育にも深みが出てきます。わが子が生まれたとき、自分の目の前にいる生徒もまた、愛おしい存在であることを再認識しました。それは、至極当たり前のことではありますが、わが子を産んだからこそ実感と共に再認識できたということです。そして、いままで以上に、出会えた生徒を大切に大切に育てたいと思いました。

　勉強が得意な子、苦手な子、スポーツが得意な子、苦手な子などいろいろな子がいます。いて当たり前です。何がよくて何が悪いということではありません。どの子もかけがえのないひとりの人間なのです。そして誰もが幸せに生きる権利があるのです。

　しかし、残念なことに日本の子どもたちは他の国の子どもたちと比較して自尊感情が低いといわれています。自分のよさに気づかず、そのためいいところを伸ばすことも一苦労です。この自尊感情を高めるには、身近なおとな（親や教師など）や親しい友人からのプラスのフィードバックが必要なのです。

　プラスのフィードバックと聞くと「あぁ～、ほめて育てることね」と思うかもしれませんが、実はそこに落とし穴があるのです。

　これまでの教育では、とにかく「ほめて育てましょう」と言われてきました。しかし、ほめるとは、上から下の人に向かっていう言葉であり、そもそもほめるところが見つからないとほめることすらできません。また、ほめられた子どもからすると、必ずしもほめられたいところがほめられるとは限りません。別にどうでもいいところを無理やりほめられても、うれしくはありませんものね。

ところで「ほめて育てる」場合、ほめてくれる人がいなくなるとその行動をやらなくなることが多々あります。つまり子どもにとっては「ほめられること」がうれしいのであって、より重要な自分が「できるようになったこと」がうれしいのではないからです。

そろそろ、ほめて子どもをコントロールすることはやめませんか。「ほめる」から「承認」にシフトしませんか。

承認とは「私はあなたの存在をそこに認めている」ということを伝えるすべての行為や言葉のことです。承認は、存在承認、行為承認、結果承認の3つにカテゴライズされています。存在承認とは、その人を見たり、挨拶《あいさつ》したり、いいところを伝えたりすることです。行為承認とは、事実を伝えたり、励ましたり、感謝を伝えたりすることです。そして、結果承認にはじめてほめるとか賞を与えるが出てきます。

赤ちゃんがつかまり立ちして、手を離した瞬間、親は拍手しながら自然に出てくる言葉は「立った、立った」で、決して「立てて偉いねぇ〜」とは言いません。「ほめる」と「承認」、似て異なるものではありますが、どちらの言葉をかけられ続けたかによって、子どもがどのように育つかは、かなりちがってきます。こうした、おとなからのことばかけの微妙な違いを子どもたちはからだじゅうで感じているのです。

私は教員生活の中で3回出産しました。この体験をとおして、生徒をわが子のごとく大切に育てよう、わが子を通わせたくなる学校、学級にしよう、と心に決めました。

先生の先生になる

私の人生哲学のキーワードは「しあわせ」です。私と出会ったからにはしあわせに生きてほしい。この出会いにより、しあわせは連鎖するはずです。地道にコツコツ未来を創るには、教師はもってこいのお仕事です。ただ、残念なことは、ひとりで担当できる授業や学級には限度があります。

日本の中学校教員は「世界一忙しい」ことが経済協力開発機構（ＯＥＣＤ）の調査でわかっています。また、日本の教員は世界に類を見ないほど「マルチ」だとも言われています。教科教育はもちろん、道徳、特別活動（中学校においては、学級活動、生徒会活動、学校行事）、総合的な学習の時間、学級経営、部活動指導、教育相談、生活指導、ＰＴＡ活動、保護者対応などなど、「どれかひとつのお仕事をやっていればいい」というわけにはいきません。

私は30年間の教師生活の中で、どれだけ多くの生徒に出会ったことでしょう。歳を重ねるごとに、いまの私にできることは何かを考えるようになりました。どんなに忙しくても、世界に類を見ないマルチな仕事でも、つながなくてはいけないのです。次の世代に。いつの頃からか、「先生の先生」になることが私の夢になっていました。

2章の最後で、理科室を万全に整えたとき、逗子市教育研究所で働いてみないかというお誘いがありました。まだエネルギーのあるうちにと思い、少し早いですが退職することにしたのです。

ここでは、ひとりの子どもを、療育・教育・医療の三領域で支援する総合センターを設立するという、市長をはじめ逗子市民の夢を叶えることに尽力しました。さらに、研究所主催の各種研修会を行いました。研修会を受講される先生の向こうには、たくさんの子どもたちがいるのです。「先生の先生」への第一歩です。

そして次なるお仕事は、教師を目指す学生を育てるお仕事です。博士（カウンセリング科学）の学位取得の約1年後、ありがたいことに、高知大学教育学部に赴任することができました。ここでは、先生の卵たちがまぶしいほどの情熱を燃やしながら学んでいました。

教育学部の学生が、（世界一忙しく、しかもマルチなお仕事かもしれませんが）教師というお仕事に生きがいを感じながら、充実した生活が送れるよう、指導と支援することが、いまの私のお仕事です。この先生の卵たちの向こうには、同様に、たくさんの子どもたちがいるのです。そして何よりも、授業で勝負できる先生、子どもにとってよりよく生きるモデル（超自我対象）となれる先生こそ、これからの教師像ではないでしょうか（超自我対象とは「こんなとき、あの人だったらどうするかなぁ～」「あの人だったら、なんて言うかななぁ～」と自分の言動や判断についてのモデルとなる人のことをいいます）。

「教育は未来を創る仕事」――これは、昨年秋に志を同じくする仲間3人（石黒康夫、吉本恭子、そして私、いずれも同い年）で設立したＴＩＬＡ教育研究所の理念です。未来の担い手は子どもたちです。先生はその子どもたちに多かれ少なかれ影響を与えることになります。

ＴＩＬＡ教育研究所は、教師の技量向上に貢献するために、任意団体として設立いたしました。近年では、団塊世代の大量退職時代を迎え教師の年代構成のアンバランスが課題となっています。ベテラン層と、若年層が多く中間層が少ない年齢構成や、年齢は高くとも教師としての経験の浅い人たちが増加しています。そうしたなかで、校務の多忙や教育ニーズの多様化、保護者対応の難しさなどにより、一人で悩み病気などで休職する教師が少なくありません。

本研究所では、教師の技量を、授業力・児童生徒指導力・学級経営力・個別面接技法などととらえ、教師の技量向上に関する調査・研究・啓発、そして、学校組織を生かした児童生徒指導体制づくりなど学校全体を援助する研究にも力を注いでいます。

主に心理学を基礎とした、学校教育における、授業法・学級経営・特別活動・児童生徒指導・教育相談・学校経営等に関する調査研究を行うとともに、教師の資質向上、学校の援助に資することを目的として活動を行っています。そして、当研究所では、研究成果の知見を普及するために、全国各地での講習会の開催、教育相談、書籍の発行等の事業を進めているところです。

研究所の名称である「ＴＩＬＡ」は、精神科医で心理療法家であり、現代催眠の父と呼ばれたMilton Hyland Erickson博士（１９０１年12月5日－１９８０年3月25日）が用いた技法「ユーティライゼーションUtilization（利用・活用）」をもじったものです。ユーティライゼーションは、問題の解決に活用できるものは何でも活用するという考え方のことで、相談者が持っている、あるいは、相談者の周囲にあるすべてのものをリソース（資源）ととらえ、問題の解決に使えるものは積極的にそれを活用するという考え方です。

リソースは、「そこにある」ものであり、「よい・わるい」はありません。問題の解決に役立つかどうかです。つまり、私たちＴＩＬＡ教育研究所は、教師として子どもの教育に活用できるものは、学問の分野に関係なく積極的に取り入れて活用していくという姿勢を表したものなのです。

ひらめき体験教室

中学生ともなると、生徒は授業中、先生からの質問に対して手を挙げて答えることを徐々にしなくなります。間違えたら恥ずかしいからです。なので、手をあげる子は答えに自信のある子がほとんどです。本来、課題解決のためには「ああかな？　こうかな？」と考えるプロセスが必要なのですが……。誰かが発言し正解が出るまでじーっと待つしかなくなります。そして、正解が出ると、答えを覚える子、答えをノートに書く子、答えを聞いているだけの子、答えすら気にならない子など、いろいろなタイプの子がいます。これでは思考力は養えません。

私の思い描く思考力とは、単に「考える力」ではなく、「考え続ける力」「考え抜く力」のことです。そして、これからは「主体的・対話的で深い学び」の実現に向けた授業改善が必要になってきます。具体的には、

- 粘り強く取り組み、ふりかえりを次につなげる主体的学び
- 他者との協働による対話的な学び課題発見
- 課題発見・解決を念頭に置いた深い学び

となるような授業を展開していかなければなりません。

これらを可能にするための大前提となるのが、互いに認め合い高め合える人間関係の構築です。つまり「人の中で人は育つ」学級経営が必要なのです。これまでの学級経営では、係活動や当番活動による役割交流のほか、運動会や遠足、構成的グループエンカウンター

などを通した感情交流がありました。この部分がいくら整っていても、学力はそう簡単には上がるものではありません。今後、ますます必要となってくるのが、知的交流ではないでしょうか。

そこで開発したのが「ひらめき体験教室」です。「失敗を恐れず、粘り強く考え続け、最後まであきらめずに考え抜く」ことを楽しいと思える体験的活動です。これは、「主体的・対話的で深い学び」の準備体操として位置づけてもらえればと考えています。ひらめき体験教室をとおして、普段使ったことのない脳の使い方を子どもたちに体験してもらい、この脳の使い方と同じことが起こるような各教科の授業を実践することがねらいです。

ひらめき体験教室のながれは以下のとおりです。

①ナゾをさがしてこたえる
②みんなで「ヒミツノアイコトバ」を言いに行く
③最後のナゾがわかったらみんなで「ひらめきルーム」へ行く

このひらめき体験教室は、学力に関係ないので小学生から大人まで、同じナゾにチャレンジすることができます。班のメンバーと一緒になって、ああでもないこうでもないと考え続けることで、脳の中では自己内対話ができるようになります。

また、ひらめいた瞬間、脳はたくさんの脳内麻薬というご褒美をもらい、スッキリします。

しかし、解けないままだと、モヤモヤして解けるまでそのことが気になる仕掛けになっています。まさに、脳が汗をかくような感覚になります。それを一度でも体験すると、考えることが癖になるので不思議です。この活動は正味20分ですが、終わるとあちらこちらから「フゥ〜」と大きなため息が聞こえてきます。そして多くの人が「すご〜く疲れた、けど楽しかった」と感想を述べています。

ここでの教師の役割は、ひらめくチャンスを奪わないことです。つまり、ヒントを出さないことです。教師の出すヒントの多くは、思考をとめてしまいます。たとえば「この前の授業でやったよねぇ〜」とヒントを出すと、子どもたちは考えることをやめ、一斉に教科書やノートをめくりながら、さがす作業を始めます。

思考を促進するヒントが出せるならば、それに越したことはありません。思考を促進するヒントとは、自己内対話（自分自身の中で「なぜ？」「どうして？」「どうやって？」と適切に自問自答すること）を促進するヒントのことです。この脳の中での作業により、考えるプロセスを学んでいくことができます。たとえば、図のような感じです。

自己内対話に導くヒント

小学2年生の算数の授業、三角形の定義を考える場面

先生　三角形とはどのような形のことをいうのでしょう?

児童　3本の線でできている形です

先生　そっかぁ〜!
こんな感じかな?

児童　あっ! 間違えた。3本の直線でできている形です

先生　なるほど、
これでいいかな?

児童　ちがいます!3本の直線がくっついている形です

先生　あ、ごめんごめん、
こうだね?

児童　う〜ん……三本の直線で囲まれている形です

先生　あぁ〜、こうかな?これでいかな?

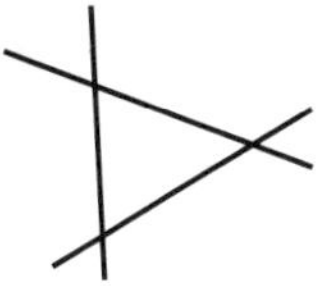

児童　三角形はできたんだけど、まわりの線がじゃまだなぁ
どう言えばいいかなぁ

本来は、子ども自身が頭の中で、「あれ、ちがうなぁ〜。どう言えばいいかなぁ〜」と考えながら、答えを導いていきます。そのプロセスとして自己内対話があるわけです。しかし、それができない場合は、教師がその一端を担います。子ども自身の自己内対話を促進する教師のはたらきかけが重要になってくるわけです。きっとそこには、子どもと教師、子どもと子どもの対話をとおして、忘れられた脳の使い方を復活させるような授業が展開されることでしょう。

教育界ではよく、「魚を与えるのではなく、魚の釣り方を教えよ」(老子の言ったといわれている「授人以魚　不如授人以魚」)と言われますが、本当の教育とはいったい何でしょう。釣りの技術を教えることも大切なことです。その次になにが必要かというと「自ら釣りをやりたい」と思うかどうかです。そう考えると、基礎基本については教えて、それをどう活用するかを決めるのは自分になるので、よりよく活用したくなるようにするためにも、魚釣りの楽しさや目的についても教えることが重要なのです。

もっと言うと、楽しいかどうかは本人の主観なので、楽しさを教えるというより、ひらめき体験教室をとおして、考えることの楽しさ、考え続けることの楽しさ、考え抜くことの楽しさを、ひとりでも多くの子どもたちに実感してもらえればと思っています。そして、考えることの楽しさに自ら気づいて実践していけるまで、静かに見守ることが教師のつとめだと思っています。

子どもの言葉で「問い」を創る

昔々、まだ学校も寺子屋も藩校もなかった時代、人はどのように学びおとなになっていったのでしょう。きっと、子どもたちは見るものすべてに好奇心を抱き、見るものすべてに疑問を持ち、「これ、なあに?」「たべられるの?」「どうやるの?」などなど、そんなことを言って、互いに情報を持ち寄りながら学んできたのでしょう。

もちろん、現代の子どもたちも、その時代の子どもたちと同じように、見るものすべてに好奇心を抱き、見るものすべてに疑問を持ち、たくさんの質問をしてきたことでしょう。

そういえば、小さい子どもが、「これ、なあに?」と聞いてきたとき、親や教師は、すぐに答えを言うのではなく「何だと思う?」と聞き返していませんか。これは、自然と子どもたちに考える習慣を身につけさせる言葉かけなのです。

本来、質問と答えの間には疑問があります。いま教室の中では、その疑問を無視して答えを出すことに始終することが多いように感じます。つまり、いちばん頭を使うはずのところを飛ばしてしまうという本当にもったいない授業になっています（もちろん、すべてではありませんが……）。そのため、子どもたちは考えることをしなくなるため「考える力」は育ちません。

小学校に入学すると同時に、突然、子どもとおとなの役割が逆転します。「これ、なあに？」と先生が聞き、子どもたちが答えるという構図が出来上がっているのです。つまり、答えを知っている人が、答えを知らない人に質問しているのです。もしも、学校という場面でなかったら、とても不思議な光景ですよね。こうした授業を繰り返して、先生の知識を越えるような子どもが何人育つでしょう。

これからの授業は「主体的・対話的で深い学び」を、と言われていますが、いったい、「主体的・対話的で深い学び」とはどのような授業なのでしょう。いままでの授業とこれからの授業で、何がどのように変わるのでしょう。また、なぜいま、変えなくてはいけないのでしょう。

これからの時代は答えのあるものだけを学ぶのではなく、答えのないものに対して、考え続ける力、考え抜く力が必要になってきます。なぜならば、この世の中にある課題は、実は答えのないものばかりだからです。

ところで、答えのないものって、たとえばどんなものがあるでしょう?

いままで答えのあるものばかりを課題として授業を進めていたため、あらためてこのように質問されると、「う～ん」と考え込んでしまうかもしれませんが……。

いま、高知に住んでいる私にとって身近なところでは、南海トラフ地震による被害者をゼロにするには、過疎化をどうするか、不登校をなくすには、学力を向上するには、などです。世界に目を向けると、戦争をなくすには、餓死をなくすには、など、人工知能(AI)でも解決できない課題がごろごろしています。これらと向き合いながら、その課題を解決していくのは人工知能ではなく、未来を担う子どもたちなのです。

ロックフェラー大学のB・マキュアン教授の研究室のドアには「発見の障害になるのは無知ではなく既知である」と書いてあるそうです。この言葉を知ったとき、私は衝撃を受けました。学校の教室の中で無知は子どもたちであり、いちばんの既知はまぎれもなく教師なのです。だからこそ、いまのような授業だけではなく(もちろん、いまの授業も大切な要素はたくさんあります)勇気を持って変えてみることも必要なのです。

しかし、授業の何をどう変えればいいのか具体がわからず困っていらっしゃる先生方も多いのではないでしょうか。いったい「主体的・対話的で深い学び」を実践し「答えのない課題に対し考え続け、考え抜く力」を養うためにはどうすればいいのでしょう。

そこで、これらを具現化するためのひとつの方法として、TILA教育研究所では「子どもの言葉で問いを創る」授業を推進することにしました。

この授業ではまず教師が子どもたちに「不思議の種」を提示し、それに対して子どもたちはなるべくたくさん思いつくままに「問い（質問）」を書き出していくという作業をします。これは、〝不思議だなぁ〜、なぜだろう？〟と小さいころに感じていたセンサーを磨き直して感度をよくする作業です。

子どもたちは、小学校入学以来、ずーっと先生から「これって、ふしぎだよねぇ〜、なぜだろうね。今日はこのことについて考えてみましょう」と一方的に問いを投げかけられてきたのですから……。このような授業を少なくとも義務教育9年間で行っていれば、そもそも身近な事物現象に対して疑問に思ったり、疑ってかかったりしなくてもよくなります。そう考えると〝なぜ？〟と感じるセンサーが鈍くなってしまったのも、しかたのない話なのでしょう。

私は、教育の基本は幼児教育と特別支援教育にあると考えています。この視点があるかないかは、教師としての深みにつながります。教師を目指している人には、ぜひ、学んでほしい分野のひとつです。

子どもの発想って、本当に面白いものです。なにせ既知ではなくりっぱな無知だからです。私たちおとなには想像もつかない見方や考え方で、驚かされることがたくさんあります。ここで紹介したのは「子どもの言葉で問いを創る」授業の一部に過ぎませんが、これをきっかけに先生方が実践を積み重ね、ブラッシュアップしてくださることを期待しています。

これからのキャリア教育

従来のキャリア論では、自己分析をし丁寧に人生計画策定をすることで、失敗、挫折のない「成功」を勝ち取れると考えていました。しかし、本当に10年や20年も先のことがデザインできるのでしょうか。たとえデザインはできたとしても、実現可能かどうかはわかりません。

また、実現したとしても自分の努力だけではどうすることもできないことが起こり、進路を変えるしかなくなるかもしれません。そもそも、勝負ではないキャリアがあるのではないでしょうか。というか、いったい何と勝負しているのでしょう。

キャリア理論の中の代表的な考え方の一つに、スタンフォード大学のジョン・D・クランボルツ教授によって提唱されたハップンスタンス・アプローチ（計画的偶発性理論／計画された偶発性理論）があります。この理論は「個人のキャリアの8割は予想しない偶発的なことによって決定される」として、その偶然を計画的に設計して自分のキャリアを良いものにしていこう、というキャリアパス（ある職位や職務に就任するために必要な一連の業務経験とその順序、配置異動のルートのこと）に関するポジティブな考え方です。

人生は「たまたま」「偶然」の出来事や出会いなどによって決まることが多いものです。本人が意識せずに行っていたことにより生ずる、この「たまたま」「偶然」はキャリアにおいて重要だという考え方です。たまたまとか、偶然とかいうと一見、行き当たりばったりのように思われますが、行き当たりばったりは計画性がないことに対し、ハップンスタンス・アプローチでは、計画性がないというよりあえてしない状態であるということです。わかりにくいかもしれませんが、偶然をただ待っているわけではなく、常にセンサーをはたらかせ「偶然の種を蒔《ま》く」のです。

では、どのようにすれば偶然の種が蒔けるか、そのコツとは次の5項目です。さっそく、皆さんもチェックしてみてください。

□好奇心：たえず新しい学びの機会を模索し続ける
□持続性：失敗に負けず努力し続ける
□柔軟性：こだわりを捨て行動や状況を変えてみる
□楽観生：機会は必ず訪れて自分のものにできるとポジティブに考える
□冒険心：結果を恐れず行動を起こす

いくつチェックできましたか。

自分は何が好きで何が得意で、どんな道を歩みたいか、ありのままの自分としっかりと向き合い、好きなことや得意なことをしながら生きていける人生を過ごせたら、本当に幸せです。

大手企業に入社し、自分の好きなこと得意なことではない部署にまわされ定年までその仕事を続けるか、自分の好きなこと得意なことを生かし自己成長しながら歳を重ねるか、あなたはどちらを選びますか？後者を選んだあなたが選ぶ道は2つにひとつ。教師になるか、教師以外の仕事に興味があるならば、自分で好きなこと得意なことを生かしたお仕事ができるように自ら起業するかです。

私の長男は、私の後ろ姿を見て、教師になる夢を一度はあきらめました。「朝、かあさんが布団の中で泣くほど大変な仕事は、自分にはできない」と思ったようです。大学院までの5年間には教職課程は履修せず、結局、経営コンサルティングの会社に就職しました。そして、一年後。突然会社を退職し「やっぱり、教師になりたい！」と言いだしたのです。しかも、私と同じ中学校の理科の先生です。正直、うれしかったです。私のあの後ろ姿が、彼の夢を壊してしまっていたことへの申し訳なさがあったので。科目等履修生として再度大学で学び直して教員免許を取得するには3年かかりました。教員免許を手にした年の春、彼は念願の中学校の理科の先生になりました。

その間、私が講師を務める研修会や講演会にも参加し最前列に座り聞いていました。親子ですが、同じ志を持つ人間としてあらゆる教育課題について意見を交わしました。教育観や子ども観、教師としての生き方、在り方など……本当に充実した時間でした。教師になってからは、理科の教材開発について、学級経営について、クラスの生徒への個別対応についてなどなど、たくさんの会話をしています。ワクワクしながら、笑ったり、感動したり、お互いに教師の血が流れていることを感じながら。

彼が教師1年目の最初の学年会で、文化行事委員長（文化祭や合唱コンクールなどを企画運営する組織のまとめ役）に立候補したと聞いたときには本当にびっくりしました。

「なぜ、新採1年目なのに立候補したの？」

「だって、誰か文化行事委員長やってもらえませんか？って学年主任が言っているのに、みんな下を向いたまま、誰も手を挙げないから」

「だからって、大丈夫なの？」

「大丈夫かどうかわからないけど、やるしかないでしょ」

「確かに……。で、他の先生たちはどうしてた？」

「びっくりしていたけど、じゃあ、お願いします！だって」

彼のこのような行動は、先ほどご紹介した〝偶然の種を蒔く5つのコツ〟すべてにチェックできることに後になって気づきました。

私の三男は、大学3年のときプロの格闘家としてデビューしました。私には何の相談もありませんでした。兄たちからデビュー戦の話を聞いて、あわててチケットを準備してもらいました。初戦では健闘したものの眼底骨骨折という事態となり、緊急手術。約1ヶ月、介護用ベッドに寝たきりで、その後、自宅療養になりました。結果、大学3年の後期の単位はほとんど落とすことになりました。

それでも、どうにか4年で大学を卒業し、フィットネスクラブに就職しインストラクターに。結婚して初めての子どもが産まれる年の3ヶ月前、フィットネスクラブがつぶれました。ちょうど私が岐阜県での研修会の午前の部が終了したときでした。めったに連絡がない三男から携帯に連絡が入りました。

「かあさん。会社、つぶれた」

「えぇ～、なんで？……たいへんだねぇ～、で、これからどうするの？」

「会員さんたちが『鹿嶋君、このまま続けてやって』って言うんだよ」

「で、どうするの？」

「やろうと思っている。お嫁ちゃんは『よく考えて！』って言っているけどね」

「ふ〜ん、そうなんだ。これから午後の研修会始まるから、また終わったら電話するね」

「わかった。ありがとね」

と言って、電話は切れました。

午後の研修会が終わり、すぐに連絡。

「うん、新たにフィットネスクラブを開くことにした」

「えぇ〜、なんで？」

「だって、さっきの電話で『やろうと思ってる』って言ったとき、かあさん、否定しなかったでしょ！」

　確かに、「ふ〜ん、そうなんだ」と私は言いました……が、まさかの展開でした。その後、23歳の彼は前フィットネスクラブを閉めてから新フィットネスクラブを開業するまで、たった2週間で準備を進めることになります。起業のための資金集めから、立地条件のよい駅前の開設場所の賃貸契約に至るまで、指南役の義父（経営の専門家）に支えられながら。義父によると年末までの4ヶ月で入会者が100名になれば、このまま続けても大丈夫だけれど、100名に達しなかったら、借金を返せなくなるのであきらめなさいとのことでした。12月31日、入会者のカウントダウンが始まりました。年越しの瞬間、99人までいき、入会予約1名ということで、デッドラインをぎりぎりセーフ（?）の100名で年を越すことができました。

その後、長男からの依頼で、キャリアについて中学校で講演することになった三男の題目は「人間万事塞翁が馬」にしました。人生何があるかわからないからおもしろい！彼がめざすは〝自己実現〟ならぬ〝他者実現〟、他者実現が叶えば自己実現が叶うという、彼らしい生き方です。

おわりに

ある似たような現象をひとつの言葉で表わすとそこには概念が生まれます。「肩こり」を表わす英語はありません。アメリカからの留学生が「肩のあたりが痛い」と言うので「『肩こり』は辛いですよねー」と言われた瞬間から、彼は「肩こり」に悩まされることになります。

教育現場では不登校やいじめ、通常学級にいる発達障害のある子への対応など、課題はてんこもり状態です。これらは、昔の教育現場でも多かれ少なかれあった現象です。その現象ひとつひとつを言葉で表わし概念が生まれたのです。こうした概念は、そうした現象への教師の対応方法を一般化するためだったり、注意喚起するためだったり、いずれにしてもすべてはよりよい教育のため、子どもたちのためだったはずなのですが、どうもちがった使い方をしてしまう教師もいるようです。

たとえば「学級経営がうまくいかないのは発達に課題のある子が複数いるから……」の

ように、それを免罪符にしてしまったり、ちょっと気になる行動があると「もしかしたらこの子も？」と疑ってかかったり。見立てばかりが先行して対応策まで行き着かないのが現状です。だからこそ、〝いろいろな子がいて当たり前〟からスタートすることが大切なんだと思います。そして、その子たちのできていることやできそうになった瞬間に注目し、すかさず声をかけます。「ＯＫ、できてるよ！」「お〜、できるようになったねぇ〜」などです。こうした教師やおとなからの太鼓判は、子どもたちの学ぶ意欲にもつながります。

私は常々、天才は教師には向いていないと思っていました。なぜなら、天才は努力しなくてもできるからです。これは持論ですが、数々の挫折を味わいながら、転んだ数だけ起き上がり、いまある幸せに感謝しながら生きている人こそ、教師に向いていると思っています。私のようにね。

教育は未来を創る仕事です。未来を創るのは政治家ではなく子どもたちです。

教師とは未来の担い手である子どもたちを育てるお仕事です。

さあ、私たちと一緒に未来を創ってみませんか。

参考文献

『構成的グループエンカウンター事典』（図書文化社）
総編集：國分康孝・國分久子、編集代表：片野智治
編集：朝日朋子・大友秀人・岡田弘・鹿嶋真弓・河村茂雄・品田笑子・田島聡・藤川章・吉田隆江
『中学生の自律を育てる学級づくり』（金子書房）　田中輝美・鹿嶋真弓
『中学校 学級経営ハンドブック』（図書文化社）　鹿嶋真弓・吉本恭子
『うまい先生に学ぶ 学級づくり・授業づくり・人づくり』（図書文化社）　鹿嶋真弓
『うまい先生に学ぶ 実践を変える2つのヒント』（図書文化社）　鹿嶋真弓
『ひらめき体験教室へようこそ』（図書文化社）　鹿嶋真弓
『互いに認め合い高め合う学級づくり』（学事出版）　糸井登・池田修・鹿嶋真弓
『教師のための失敗しない保護者対応の鉄則』（学陽書房）　河村茂雄

イースト新書Q

Q034

教師《きょうし》という生《い》き方《かた》
鹿嶋真弓《かしままゆみ》

2017年11月20日　初版第1刷発行

本文DTP　松井和彌
編集・発行人　北畠夏影
発行所　株式会社イースト・プレス
東京都千代田区神田神保町2-4-7
久月神田ビル　〒101-0051
Tel.03-5213-4700　fax.03-5213-4701
http://www.eastpress.co.jp/
ブックデザイン　福田和雄(FUKUDA DESIGN)
印刷所　中央精版印刷株式会社

ISBN978-4-7816-8034-7